玩转SAT三百高频词

——美国高考高频词图文解析

主编　孙鲁勤

内容简介

本书收录了美国“高考”测试SAT中出现频率高于20%的超高频词汇，共计320个单词，编写顺序是按照在SAT考试中出现的频率来编写的，即出现频率为99%的单词出现在第一位，以此类推。本书最大特点是采用图解和词根来记忆单词，看图说词，举一反三，以达到牢固记忆，事半功倍的效果。

作为一本中高级词汇书，本书词汇难度相当于美国大学生的水平，适合准备SAT考试，尤其对2016年改版以后的SAT考试的针对性非常强。有志于提高英语水平的广大读者也可以利用本书学习。

图书在版编目(CIP)数据

玩转SAT三百高频词：美国高考高频词图文解析/孙鲁勤主编. —哈尔滨：哈尔滨工业大学出版社，2014.11

ISBN 978-7-5603-4994-7

Ⅰ.①玩…　Ⅱ.①孙…　Ⅲ.①英语-词汇-高等学校-入学考试-美国-自学参考资料　Ⅳ.①H313

中国版本图书馆CIP数据核字(2014)第257415号

责任编辑　贾学斌　常　雨
出版发行　哈尔滨工业大学出版社
社　　址　哈尔滨市南岗区复华四道街10号　邮编150006
传　　真　0451-86414749
网　　址　http://hitpress.hit.edu.cn
印　　刷　哈尔滨市工大节能刷厂
开　　本　880mm×1230mm　1/32　印张7.125　字数217千字
版　　次　2014年11月第1版　2014年11月第1次印刷
书　　号　ISBN 978-7-5603-4994-7
定　　价　28.00元

(如因印装质量问题影响阅读，我社负责调换)

致读者

SAT 考试(俗称美国高考)对词汇量的要求非常高,即使是美国本土的考生也要花很大的精力来记单词,更不用说中国考生了。于是准备SAT 考试的第一步就是背单词,这也很正常,巧妇难为无米之炊嘛！单词不认识,再好的技巧也无法应用,再棒的老师也无能为力。但是单词应该怎样来记呢?

很多人采用的是背字典的方式,就是拿来一本 SAT 词汇书,从 A 背到 Z。这样背单词,效率非常低,背了以后很快就忘了,甚至很多单词都混淆了。有的中文解释不是非常清楚,导致对意思理解不够深刻。即便是单词记住了,也不知道怎么应用。最要命的是,每次都从 A 开始背,对A、B 开头的单词记得还比较熟,可是这些单词又有多少是在你的下一次考试时遇到的单词呢? 可能很多精力都用在记忆一些非常罕见的单词上,而一些出现频率很高的词汇,由于首字母出现得比较靠后,而根本没有记,或者印象不够深刻。那么到底应该怎样记单词呢? 我们迫切需要一本简单、易学,能让读者把单词记得牢固的高频词汇书。

《玩转 SAT 三百高频词》就在这样一种迫切需求的情况下产生了。本书打破了单词书要从 A 开始撰写的惯例,以单词出现的频率为顺序而编写。我们利用统计学软件将所有以往 SAT 考卷上出现的词汇进行排序(这里排除了低级词汇,只保留中高级词汇),统计出每个单词在 SAT考试中可能出现的频率。本书收录了出现频率高于 20% 的词汇,共计320 个单词。在该书中单词的排列是以出现的频率从高到低为顺序的,在每个单词的后面都注释出该单词的出现频率,比如第一个单词conventional (99),就是指该单词在一个 SAT 考试中有99% 的可能性会出现。这样就能保证大家背的都是高频词汇,并且知道每个单词会以多高的频率出现。

记单词不但要记高频单词，还要记得快，记得牢，让记单词变得有谱、有趣是本书的第二个特点。英语的很多单词追根溯源都是来自于拉丁语和希腊语，利用拉丁词根和希腊词根记忆单词，相当于将单词分成几部分进行记忆，这样记得又快又好，而且很容易举一反三，认识一个词根，可以记住一个系列的单词，是一种非常有用的高效单词记忆法。如果能在词根记忆的基础上，编个故事或者加一个图片来帮助记忆，这样就达到了牢固扎实记忆的效果。于是我们给每个单词都配了有趣的图片以及栩栩如生的旁白，让你在会心一笑的同时毫不费力地记住单词，让记单词变得轻松愉快。另外大家普遍喜欢看英文流行电视连续剧，尤其美剧都是追着看，对于其中的细节更是津津乐道。我们也利用一些大家喜爱的美剧情景来帮助记忆单词。这样，有词根、有图片、有故事、有剧情，从此记单词成为一种享受，成为一种爱好。

本书的第三个特点是每个单词都标注了音标，让大家不但认识该词，还要会读。很多单词的英语解释比汉语翻译更精确，所以本书采用双语解释，并且英语解释出现在汉语解释之前，这样能够帮助读者更好地理解每个单词的用法。在英语解释中，会出现一些同义或者反义的单词，如果这个单词也收录在本书中，该单词就以斜体出现，这样能够帮助大家联系记忆，从而更有助于单词的记忆。

记住了一个单词，可以利用举一反三的方法记住其相关词汇，这就是本书的另外一个特点，列出了相关的名词、动词、形容词以及相关反义词和同义词。让大家记住一个单词的同时，记住其相关词汇。

本书虽然只收录了 322 个单词，但在每个单词后面都列有相关单词，总计出现的单词有 1 000 个左右。这些单词全部都属于中高级词汇，是 SAT 的核心词汇。记住这些单词相当于美国大学生的水平，能够阅读纽约时报等报刊。值得注意的是在 2016 年即将改版的 SAT 考试中，College Board提到要降低单词难度，主要以学生在大学学习中用到的词汇为主，不再考察一些生僻单词。本书收录的都是在以往 SAT 考试中出现频率高于 20% 的单词，属于常用高频词汇。因此这本书不仅仅是针对目前的 SAT 考试，也是最适合 2016 年改版后 SAT 考试的一本单词书了。

由于本书大量采用了拉丁词根和希腊词根来对单词进行记忆。学习完本书,应该对词根和构词法有很深的了解,从而推断出一些不认识单词的意思。

另外本书也可以作为一本单词书进行查阅,该书的最后一部分是索引。索引可以用来查询单词,也可以用来检验记忆单词的效果。

本书适合刚开始准备 SAT 的考生,用来记忆单词,也适用于有一定单词基础的考生,用来巩固和加强记忆所学过的单词。甚至也可以当作字典,对不认识的单词进行查询。

最后祝大家快乐记单词,轻松过考试!

编　者

2014 年 1 月

1. conventional（99）

[kən'venʃənəl]（英文）based on accepted practice; traditional; customary; normal *orthodox*

adj. 传统的，惯例的；常见的；约定的

conventional 是 convention 这个单词的形容词形式

convention *n.* 大会；习俗，惯例；协议

要记住 conventional，让我们先来学习一下 convention

convention 中包含两个拉丁词根

■ ven-, vent-, veni-, ventu-（拉丁词根：come）

■ con-（拉丁词根：with，together）

convention = con（together）+ vent（come），就是很多人 come（ven）together（con），他们来干什么呢？来“开会”的。如果隔一段时间他们就来开一次会议，时间久了，就形成了“习俗，惯例”（conventional）。

下图中古希腊的哲人经常聚集在一起开会辩论，就形成了很多惯例协议。

相关单词：

unconventional = un（反义前缀）+conventional 意思是非传统的

2. undermine（99）

[ʌndə'maɪn]（英文）to hurt, weaken, or destroy, often in an underhanded or sneaky way; weaken the support of something from underneath or within *vt.* 破坏

undermine 的中文意思是破坏,英文解释说得更明白,就是从内部瓦解或者从根基上破坏。

undermine= under(下面)+mine(矿)

想象这样一幅画面,一个人听说他家楼下(under)有矿(mine),就开始挖了,没想到破坏了大楼的地基。大楼遭到破坏(undermine),在顷刻间倒塌。

3. dismissive（**90**）

[dɪs'mɪsɪv](英文)rejecting someone's ideas or worth, usually as beneath consideration; *condescending*; *contemptuous*

adj. 1. 轻蔑的,瞧不起人的 2. 拒绝的;打发走的,解雇的

dismissive 的动词形式为 dismiss

dismiss *v.* 解雇;让……离开;不再考虑;抛弃;解散;遣散

■ dis-(拉丁前缀: separation, apart, asunder; removal, away, from)

■ miss-(拉丁词根,to send, to let go)

dismissive= dis(away)+miss(send)+ive, 意思就是 send it away, 打发走的,让离开的,解雇的,如果别人不经意地把你打发走了,那么 it is very possible that 他瞧不起你,对你很轻蔑。

美女是真心拽呀！蔑视你没商量(dismissive)。

让我们顺便再记几个带 miss 词根的单词。

remiss *a.* 怠慢的，不小心的，迟缓的，疏忽的(negligent, careless)

mission *n.* 使节团；大使；使命，任务；a duty one is **sent** to perform

missile *n.* 导弹，投射物 something **sent** through the air

missive *n.* 公文，书信 a note **sent** by messenger

emissary *n.* 密使，间谍，使者 a messenger **sent** on a mission

4. aesthetic (86)

[əs'θətɪk] (英文) relating to what is beautiful; beautiful; pleasing

adj. 美学的；审美的 n. 审美观；美感

■ aesth-,(希腊词根：feeling, sensation, perception)

aesthetic = aesth(feeling) +etic，感觉(feeling)很美好。

要想身材美(aesthetic)，自我感觉(feeling)良好，得从娃娃练！

相关单词：

aesthetics *n.* 美学、美术理论

aesthete *n.* 审美家，唯美主义者

unaesthetic *adj.* 无美感的，缺乏美感的

5. objective（77）

[əb'dʒəktɪv]（英文）based on facts rather than personal feelings; unbiased; not personal; true not *subjective*

n. 目标；任务；宾语，宾格；物镜 *adj.* 客观的；目标的；宾格的

■ ob-，（拉丁词根：toward，向）

■ ject-，（拉丁词根：throw，send，投掷）

object = ob(toward) + ject(throw)，向(toward)目标(objective)投掷(throw)，获得成功的同时也收获了金钱。

相关单词：

objectivity *n.* 客观性；对象性

subjective 是反义词，表示主观的

9.11 袭击事件后的头几年，美国大使馆签证官对申请签证的人最爱说的一个单词就是 reject。

reject = re (again) + ject (throw)

reject 就是签证官再次(again)把你的资料从那个像监狱一样的小窗口扔(throw)出来，在护照的最后一页盖一个“reject”的章子。你就知道自己又被“拒”了，只好悲催地回家了。

6. reconcile（75）

['rekənsaɪl]（英文）to adjust the differences between things; to reach an agreement, especially after an argument; to make up; to overcome *discord*; to try to be *inclusive v.* 使和谐一致,调和;使和解;将就,妥协

reconcile 从 council 变形而来

council['kaunsl] *n.* 会议;顾问班子;议事,商讨

■ concil- (拉丁词根: assembly; group of people, meeting)

reconcile=re(again)+concil (商议,开会), 反复商议,开会的目的就是要调和矛盾,使和解,相互妥协。

爱情就是两颗心反复(again)破碎,反复(again)和解(concil),最后达到相互妥协(reconcil),相互包容对方。

相关单词:

conciliatory [kən'sɪlɪətərɪ] *adj.* 安抚的,抚慰的;调解的,调停的,愿意和解的

reconcilable['rekənsaɪləbl] *adj.* 可和解的,可调和的,不矛盾的

reconciliation [rekənsɪlɪ'eɪʃən] *n.* 调停;一致

conciliate [kən'sɪlɪeɪt] *v.* 安慰,劝慰;调节,调停;博得,赢得

irreconcilable [ɪ'rekənsaɪləbl] *adj.* 不能和解的,不能协调的,矛盾的

7. speculation (**74**)

[spekju'leɪʃən] (英文) taking a chance; risky; uncertain; cannot be confirmed

n. 思索;推测;投机(买卖)

■ spec-(拉丁词根: to look, to examine)

speculation= spec(examine)+u(you)+lation,就是你(you)仔细观察(look), 把好的方面和坏的方面都列举出来,看看是否值得投机(take a chance)。这也是一个思索和推测的过程。

如果有人卖给你 5 美元一个金条,你最好不要投机(speculate)。

8. accessible（71）

[əkʹsəsɪbəl]（英文）being able to enter or approach a place; approachable; friendly; *gregarious*; *genial*

adj. 可理解的;易接近的;易相处的;可进入的

■ -cess,（拉丁词根: to be in motion; to go, to go away）

accessible 就是眼睛能看到,手能摸到,耳朵能听到,大脑能感知到

相关单词:

access ['æksəs] *n.* 通道,入口;接近

inaccessible = in(反义前缀) +accessible *adj.* 达不到的;难进入的;难接近的

9. decorum (68)

[dɪ'kəːrəm] (英文) correct behavior, proper etiquette; good manners; *refinement*

n. 端正,礼貌合宜,礼仪

■ decor- (拉丁词根: proper, 合适的)

上图漫画中的 Joe Wilson(右图)是美国共和党的议员。2009 年 9 月总统奥巴马在做关于医疗改革的演讲时,议员 Wilson 打断了总统的演讲,大声说"You lie!" 虽然演讲过后,Wilson 曾经道歉,但是很多人认为议员 Wilson 没有礼貌,需要"妈妈"给他上点料了,一勺子"礼貌"。

常用短语:behave with decorum 举止得体

lose one's decorum 失礼

相关单词:

decorous ['dekərəs] *adj.* 有礼貌的,高雅的,端正的

indecorous = in + decorous *adj.* 无礼貌的，不合礼节的

decoration *n.* 装饰

10. impulsive（67）

[ɪm'pʌlsɪv]（英文）tending to act on impulse and without thought; rash; *impetuous*; *unrestrained*; *capricious*

adj. 冲动的

■ puls-（拉丁词根：push, drive, 驱使）

■ im-,（拉丁前缀，into，入内）

impulsive = im(into) + puls(push) + ive，内心(im)驱使(push)你做出一些不理智的，冲动的(impulsive)举动

一有打折(deal)，两眼发光，结果就是冲动购物(impulsive shopping)!

相关单词：

impulse ['ɪmpʌls] n. 冲动；推动力；刺激；脉冲 *adj.* 冲动的 *v.* 推动

11. deride（67）

[dɪ'raɪd]（英文）to ridicule something; to laugh at something as ridiculous; to *mock*; to *satirize*

vt. 嘲弄，嘲笑

■ rid-. ridi-, risi-（拉丁词根：to laugh, laugh at）

deride = de(completely) + ride(laugh)，就是强调(completely)可笑

(laugh)的效果。

两个头,应该是更聪明?但是如果你和别人不一样,得到的就是嘲弄(deride)。

相关单词:

derision [dɪ'rɪʒən] *n.* 嘲笑;嘲弄

derisory [dɪ'raɪsərɪ] *adj.* 嘲笑的;值得嘲弄的

risible ['rɪzɪbl] *adj.* 能笑的,善笑的,爱笑的

12. suppress (67)

[sə'prəs] (英文) to stop something from rising or coming out by holding it down; to *repress*

v. 制止;镇压;平定;防止……被人知道或看到;抑制,压抑

■ sup-, sub- (拉丁词根: under, beneath)

suppress=sup(向下)+press(压,按),向下按压,就是"镇压"。

如何 suppress(抑制)那些精美甜食的诱惑呢?下面算是一种方法吧。

相关单词:

suppression *n.* 镇压、制止

13. complacent (66)

[kəm'pleɪsnt] (英文) overly pleased with an accomplishment; overconfident; self-satisfied; so unwary as to be foolish

adj. 自满的,自鸣得意的

■ plac-, placi-(拉丁词根: to please, to satisfy)

■ com-, (拉丁前缀:with,具有)

complacent=com (带着,具有) +plac(满意)+ent

complacent 就是对自己很满意,看看下面这只猫就了解了。

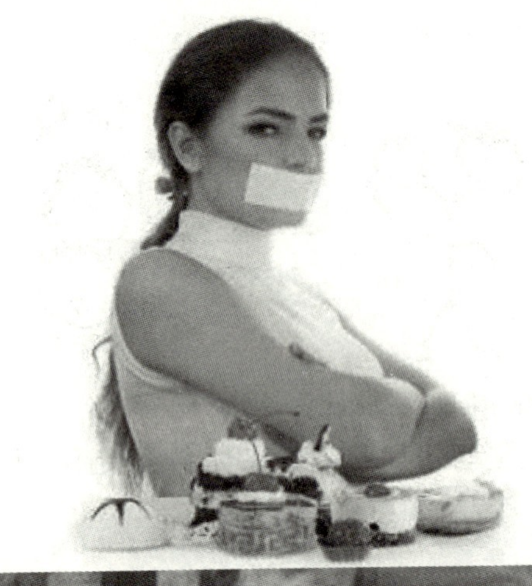

相关单词：

complacent 最后一个字母 t 变成 cy 就是它的名词形式 complacency

14. reverent（**66**）

[ˈrevərənt] deeply honoring or respectful—and so not joking around; *venerating*

adj. 尊敬的，虔诚的

■ vere-, veren-（拉丁词根，敬畏的意思）

南非总统曼德拉就是一位令人尊重的领袖，这位传奇人物带领南非人民反对种族隔离，消除贫困和不公，被誉为南非的国父。曼德拉于2013 年 12 月 5 日去世，他的葬礼应该算是国际上规格最高的葬礼了，光美国就有三任总统前去吊唁。我们可以这样说：

Nelson Mandela is REVERED for his long struggle against apartheid and his leadership in helping South Africa become a multi-racial democracy.

相关单词:

动词形式:revere [rɪ'vɪə] *v.* 尊敬;崇敬

名词形式:reverence ['rəvərəns] *n.* 尊敬,敬意

reverential [revə'renʃəl] *adj.* 虔诚的,表示尊敬的,充满崇敬心的

irreverent =ir(反义前缀)+reverent *adj.* 不敬的,不逊的,无礼的

15. disparage (65)

[dɪ'spærɪdʒ] (英文)to insult or put down; to offend

v. 蔑视;贬低;诽谤

■ pari-, par-(希腊词根:same, equal, equal value, 平等,同等)

disparage =dis(反义前缀)+para(同等)+age(年龄) 就是别人不把你看作同一层次和同一(para)年龄(age)的人,就一"小屁孩",表示"看不起,蔑视"的意思。

电影变形金刚中的演员,大美女 Megan Fox 仗着自己的美貌和名气,公开发表声明看不起(disparaged)自己的导演 Michael Bay,说他像希特勒。

导演 Bay 回敬她说,Fox is young and has a lot of growing to do. 言下之意就是 Fox 是个不懂事的小屁孩。最终在新一集变形金刚 Dark of the Moon 中 Bay 取消了 Fox 的角色。

16. relevant（65）

［ˈrəlɪvənt］（英文）relating to the subject at hand; important or significant; *pertinent*

adj. 有关的；相关联的；中肯的；有重大作用（意义）的

这个单词怎么记，可以进行对比记忆。我们刚学过的一个单词 reverent（第 14 个单词），relevant V. S. reverent 在考场上，很容易将这两个词混淆。

■ lev-（拉丁词根，表示“轻，提起”的意思）

relevant = re（related）+ lev（提起）+ ant，就是相关的，有联系的（related）都一起拎起来（lev）。一根绳上的蚂蚱儿，谁也跑不了。

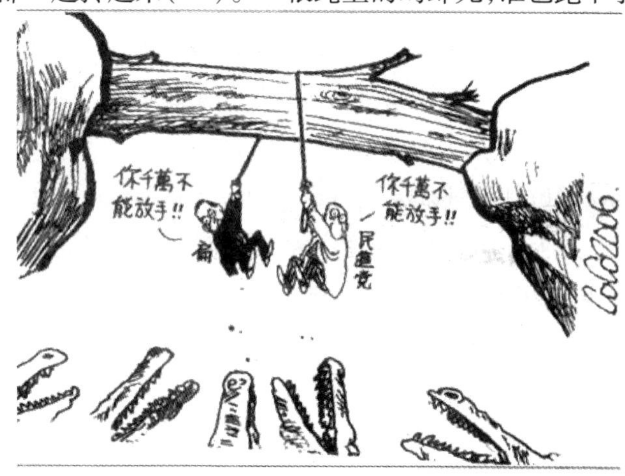

相关单词：

relevance n. 关联；切题；适宜；中肯

irrelevant = ir(反义前缀) + relevant *adj.* 不相关的，无关系的；不切题的

V. S. irreverent = ir(反义前缀) + reverent *adj.* 不敬的，不逊的，无礼的

17. prudent(62)

[ˈpruːdnt]（英文）careful; cautious, especially about money; having good judgement; *circumspect*; *wary*

adj. 小心的，精明的

在美剧"吸血鬼日记"中，美丽可爱的高中生 Elena 在车祸中失去了双亲，却爱上了一个 150 岁的吸血鬼 Stephen。在第一季中，Stephen 和 Elena 深深地爱着对方，尽管 Elena 知道了 Stephen 的吸血鬼身份，知道他们在一起必须十分小心，会经历很多磨难，但是他们还是勇敢地在一起了。

Stephen and Elena decided to stay together, even though they know they must be prudent in dealing with all kinds of difficulties.

美国著名保险公司，直接以 prudential 命名，logo 是 Rock of Gibraltar，表示他们公司非常小心谨慎，因为他们有直布罗陀巨石当镇山之宝。

相关单词：

名词形式：prudence *n*. 谨慎，小心；精明，深谋远虑；节俭

反义词：imprudent = im（反义前缀）+prudent，[ɪm'pru'dnt]，*adj*. 轻率的，鲁莽的

18. refute（62）

[rɪ'fjuːt]（英文）to prove wrong or false

v. 反驳，驳斥

记得一个单词叫 refuse 吗？是拒绝的意思。

■ -fute，-futable（拉丁词根，表示“拒绝，抛弃”）

refute = re（again）+fute（拒绝），反复拒绝，就是驳斥！

和 refute 相反的是 promote，赞同

下面这幅画说的是 To refute or promote，要言之有理，不是比谁的嗓门大。

相关单词：

refutation *n*. 反驳，辩驳，反驳的言论或意见

反义词：irrefutable = ir（反义前缀）+refutable *adj*. 不能反驳的，不能

驳倒的

19. inevitable（61）

[ɪn'evɪtəbl]（英文）certain to happen；unavoidable

adj. 不可避免的，必然发生的

■ evit-（拉丁词根：to shun, to avoid）

inevitable = in（反义前缀）+evit（避免）+able，表示不能避免的

如果麦当劳在非洲大发展，下面就是 inevitable 的情景了。

相关单词：

inevitability *n.* 无法逃避之事，不可逃避，必然性

20. innocuous（60）

[ɪ'nɒkjʊəs]（英文）harmless；not dangerous at all；not likely to provoke a strong reaction；*inconsequential*

adj. 无恶意的，无意冒犯的；无害的

■ nox-, noxi-, noc-, nui-, nec-（拉丁词根，harmful；injury；hurt, damage 表示"有害的"）

欧美的自然资源保护得比较好，野生蘑菇随处可见。大多数蘑菇都是无毒的，但是有一种蘑菇，叫做"Death cap"，中文名为白毒伞，含有剧毒。它的样子看起来非常像普通的食用蘑菇（如下图所示），让大家放松了警惕。目前已经发生了很多起东南亚老人来美国后，采摘食用该蘑菇后中毒身亡的事件。总结：不要钱的蘑菇还是不能随便采的。

Many mushrooms are **innocuous**, but there are some, like Death Cap mushroom, is very poisonous.

21. convey（60）

[kən′ veɪ]（英 文） to make something known; to reveal; to communicate; to *depict*

v. 传递;传达;运输;让与

■ -vey, via-, voy-,（拉丁词根,way, road, path 道路）

■ com-（拉丁词根,with,together）

com 在 c, d, g, j, n, q, s, t, v 之前,变为 con,意思还是“with, together”。其实我们不必记 com 在什么情况下变身,只要看到 con 前缀,知道它也有“with”的意思就 ok 了。

convey = con(具有) +vey(道路)。如果你坐火车旅行,经过农村时,经常能看见在墙上刷着大大的标语,其中就有这句“要想富,先修路”。有了路,就能与外界传递信息,传递物质,可以搞运输,这就是“convey”的意思。

22. profound（59）

[prə'faund]（英文）wise; deep; beneath the surface

adj. 深厚的；意义深远的，巨大的，深远的

■ pro-，（拉丁前缀，in place of, on behalf of，代表，代替）

profound = pro+found，这个新的发现(found)代表(pro)的"意义很深远"(profound)

Darwin 发现的进化论现象就对人类文明有着深远的意义。那么现在人手一部的 smartphone 呢？

相关单词：

profundity[prə'fʌndɪtɪ] *n.* 深，深度，深奥，深刻，深厚

23. ironic(59)

[aɪ'rɒnɪk]（英文）a statement or situation that conveys a second meaning at odds with the apparent meaning; humorous

adj. 讽刺的；反话的

■ iron-（希腊词根，表示"说反话，与表面意思相反"）

我们也可以这样记这个单词，iron 是铁的意思，让我们想起侠骨柔肠的杨过，表面上铁骨铮铮，断臂也不皱皱眉头，可是对待小龙女却是百般痴情和温柔。杨过从小父母双亡，却非常机灵，对待金轮法王的咄咄逼人，总是说一些反话来讽刺他们，最著名的有"小混蛋骂谁？"

相关单词：

irony 是 ironic 的名词形式。

24. ambivalent(58)

[æm'bɪvələnt] undecided; feeling positively and negatively towards something

adj. 对某物、某人或某境况具有或显示矛盾情感的

■ am-,（拉丁前缀，意思是温和的，和蔼的）

比如单词 amicable，amiable

■ bi-,（拉丁前缀，both）

■ ambi-（拉丁前缀，也是 both 的意思）

ambivalent=ambi(both)+val(u)e+(e)nt，value 是价值的意思，意思是两种不同的价值(value)观+ent(后缀，通常是形容词)，在做斗争，所以非常矛盾。

在美国剧集《吸血鬼日记》中，Stephen 是一个非常克制自己的吸血鬼，他每天只喝动物的血，而拒绝伤人，喝人血。其实他每天都在和自己做斗争，因为他的身体极度渴望人血，他非常矛盾(ambivalent)。在 Stephen 被别的吸血鬼折磨以后，为了保证生命，他喝了 Elena 的血，这重新燃起了他内心深处对人血的渴望。Stephen 劫持了一个叫 Amber 的女孩，想喝她的血。但是他知道自己这样做是错的，他放 Amber 走了，却又忍不住把她追了回来。喝还是不喝？这种矛盾的心理一直折磨着他。让我们来看看 Stephen 的双重人格，一面是温文尔雅的绅士，very cute，愿意帮助别人，曾经救过 Elena 的命（这就是他们认识的开始），另一面是青面獠牙的吸血鬼，只能以鲜血为生。在记住 Stephen 分裂人格的同

时,让我们记住这个单词,ambivalent。

相关单词:

ambidextrous- able to use both hands, with equal ease, skillful, versatile, 灵巧的

ambiguous- have two or more possible meanings, doubtful, 含糊不清的

ambivalent 的名词形式是 ambivalence

25. pragmatic(58)

[præg'mætɪk](英文)getting things done in an effective way, practical; emphasizing the practical; *expedient*

adj. 忙碌的,活跃的;实际的;国事的;实用主义的

邓小平在中国改革开放初期提出的"摸着石头过河"的理论就是非常务实的。在没有前人的实践经验可借鉴的情况下,"摸着石头过河"要求人民在实践中探索和总结改革的路子。无独有偶,美国总统罗斯福在1933年刚刚当选总统时,面临着美国有史以来最严重的经济危机,他采用的也是这种务实的方法。

Roosewelt **pragmatically** chose to replace traditional economic policies with "bold, persistent experimentation". Roosewelt **pragmatically** explained, "It is common sense to take a method and try it; if it fails, admit it frankly and try another. But above all, try something."

罗斯福不仅是美国历史上的最伟大的总统之一,更是美国政治历史上的一个传奇。他不仅打破了美国开国总统华盛顿所立的不连任三次的传统,连任了四次,他还是双腿瘫痪的小儿麻痹症患者。罗斯福总统在他39岁时突患小儿麻痹症,只能坐在轮椅上,但他坚持锻炼。在美国的困难时期,他的乐观和自信给人们带来了巨大的鼓舞和安慰。

26. innovative(58)

[ˈɪnəveɪtɪv](英文)new, revolutionary

adj. 新引进的,革新的,有改革精神的

■ nov-(拉丁词根,表示"new")

innovative= in(into)+nova(new)+tive, 进入(into)全新的(new)的状态

Steve Jobs 绝对是一位纯粹的 innovator(创新者),他的产品一出,谁与争锋?从最早的 apple 电脑,到 apple store,到 Iphone,Ipad, apple 建立的是一个行业标准,是大家纷纷效仿的模板。所以说苹果产品是前无古人,绝对的 innovative。

Apple 的新台式电脑 Mac Pro 采用了很酷的散热设计,形状类似于垃圾桶。这个精小圆滑的"垃圾桶",你喜欢吗?

相关单词:

innovation 是它的名词形式

27. rational(57)

[ˈræʃənl](英文)based on reason rather than emotions; logical; sensible

adj. 理性的;明事理的;合理的

■ ratio-, reason-,(拉丁词根:reckoning, calculation; understanding; thinking, 思考)

如果遇到事情认真思考了,找到原因(reason)了,处理起问题来就很"理性"了。

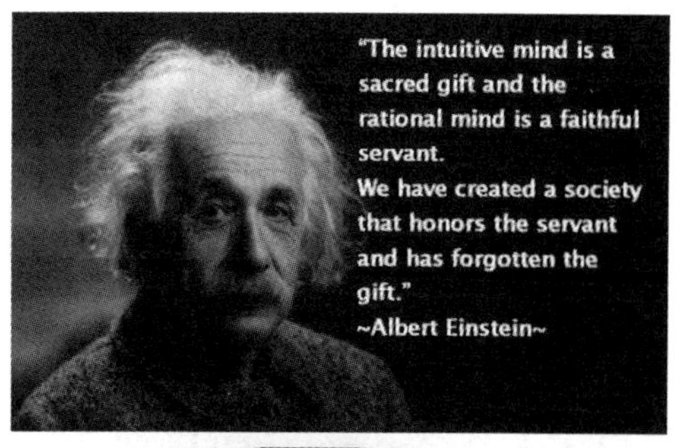

相关单词：

irrational *adj.* 不合理的；无理性的；无理的

rationale *n.* 基本原理；根据

rationalize *v.* 使合理化；为……找借口；使有理化；实行合理化；作辩解

28. abstract（57）

[ˈæbstrækt; æbˈstrækt]（英文）based on general ideas; not solid or concrete; vague; *hypothetical*

adj. 抽象的；纯理论的；深奥的 *n.* 摘要，梗概；*v.* 提取，抽取；做……的摘要

■ ab-, abs-,（拉丁词根，from，away）

abuse（滥用；辱骂；虐待）是指 use of something in the wrong way

abduct(*v.* 绑架)是指 lead away from

aberrant（*adj.* 异常的）是指一些行为 wanders away from

abstract = abs(away) + tract，就是 something pulled away

抽象艺术就是 move away from 表面看到的东西，对表象进行一个升华。理论通常都是 abstract（抽象的），比如说经济学理论是指 pull away from 经济现象。

abstract 这个单词，我们最常见的是名词形式，大家要注意它还可以做动词和形容词。

下面这个就是抽象艺术，你能看懂吗？

29. distinct（57）

[dɪ'stɪŋkt]（英文）clearly separate from others; not identical; different; clear; *conspicuous*; *lucid*

adj. 清楚的，明显的；截然不同的；确实的，确切的

■ stinct-（拉丁词根，表示“突出的，分离出”的意思）

■ dis-（拉丁词根，有“separation，分离出”的意思）

distinct = dis(separation) + stinct 能从周围环境分离出来，就好像有人鹤立鸡群，别人一眼就能“清晰的，明显的”看出他的与众不同。

王治郅和大伙站在一起，就是这种感觉（distinct）。

相关单词：

distinction *n.* 区别；卓越；特质；荣誉

distinctive *adj.* 有特色的，与众不同的

indistinct *adj.* 模糊不清的，不清楚的

30. felicitous（**56**）

［fə'lɪsɪtəs］（英文）well-choosen; especially appropriate; pleasing

adj. 巧妙的，极为适当的，可喜的

■ felici-，felicit-（拉丁词根，表示“happy，幸运 fortunate”）

这个名片上的肥猫还真的挺喜庆的。

相关单词：

felicity *n.* 快乐，幸福，幸运

infelicity *n.* 不幸，不吉，不适当

31. resolute（**56**）

［'rezəluːt］（英文）determined to succeed; not easily discouraged; persistent; *tenacious*

adj. 坚决的，刚毅的；不动摇的

■ -solu-. solute, -sol-，（拉丁词根，“loose，摇动 dissolve，溶解”的意思）

还记得溶液用英语怎么说吗？solution，solution 也是“解决办法”的意思，我们解题的答案也可以叫作 solution。solvent（溶剂）是能够 dissolve（溶解），或者 loose up 固体颗粒，比如盐。

■ re-（拉丁前缀，常见的是“again”的意思，它还有“back，backward”的意思）

resolute = re（back）+solute（loose）与 loose（动摇），dissolve（溶解）相反的就是“刚毅和不动摇”

在雨中，你是如此坚毅（resolute）。

相关单词：

absolute［'æbsəlu:t］ *adj.* 绝对的；完全的；专制的

resolution *n.* 决心；决议；分解，解析；解决；坚定；分辨率

irresolute *adj.* 优柔寡断的；踌躇不定的

resolve *v.* 解决；解答；决心，决定；决议；分解；使变成 *n.* 决心，决意；坚决

unresolved *adj.* 未克服的，未解答的

32. diverse（55）

［daɪ'və:s；'daɪvə:s］（英文）varying; something composed of *distinct* or unlike elements or qualities

adj. 不同的；多种多样的

■ vers-（拉丁词根，turn，转移，转向）

diverse = di（away）+ vers（turn），就是 make a turn away from，

从……转离,离开主流就是保持多样性。

此君带了三个脑袋来找他的 boss,认为这样就代表了多样性。

很多公司在招聘的时候都非常重视 diversity,比如像 google 这种硅谷计算机公司,大多数码工(程序员的别称)都是男生,但是基于"男女搭配,干活不累"的原则,经常要求有一定比例的女生。

相关单词:

diversity *n.* 多样性;差异性

diversify *v.* (使)多样化

33. trivial (53)

[ˈtrɪvɪəl] (英文)unimportant; insignificant; *negligible*; *inconsequential adj.* 不重要的,琐碎的;琐细的,微不足道的

■ tri-(拉丁词根,表示“3”的意思)

tricycle(三轮车)有三个轮子; triangle(三角形)有三个角

■ via-(拉丁词根,way,road)

trivial= tri(three)+val(way), 就是三条路。trivial 在拉丁语中的意思是“三岔路口”,因为是三岔路口就是三条路交会的地方。这种路口实在是太平常了,在哪个地方都有无数个,所以在现代英语中引申为“不重要的,琐碎的”。

台湾的《苹果日报》就是专门报道名人八卦的报纸,所关注的内容基本上都是一些“不重要的,琐碎的”私人生活。

It often focuses on **trivial** details about celebrities' personal lives.

相关单词:

trivialize *vt.* 使平凡,使琐碎

triviality *n.* 琐事,平凡,轻浮

34. discern(**53**)

[dɪ'sə:n](英文)to notice; to see clearly; to *distinguish*; to *discriminate*

v. 认识;理解;识别

■ cern-(拉丁词根,有“understanding”的意思)

大家还记得一个单词,concern(关心)

concern =con(with) +cern(understanding),理解别人的处境,才能更好地关心他的情况。

discern=dis(completely)+cern (understanding) 就是完全“理解,认

识”

相关单词：

discerning *adj.* 有识别力的，眼光敏锐的

discernment *n.* 识别力，洞察力

indiscernible *adj.* 难识别的，看不见的

35. enhance（**53**）

［ɪn'hæns］（英文）to strengthen; to improve

v. 提高，增加

现在市面上化妆品的各种营销采用的都是下面的手段，不知道是化妆品的功效还是电脑技术的魔力，总之每个女人都愿意从右半边脸到左半边去。

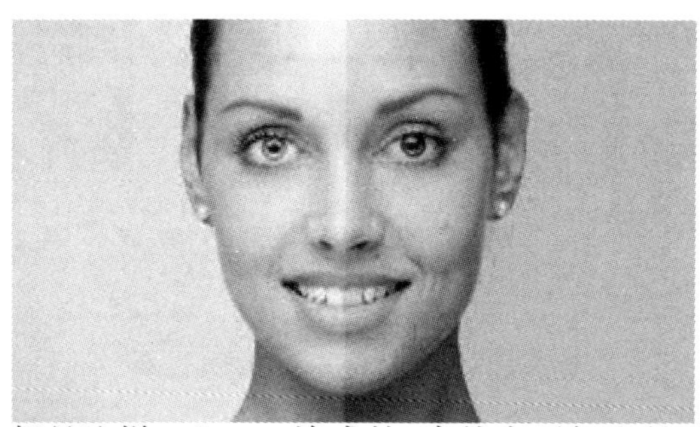

原来美女都是这样 enhance 炼成的，当然底子好也是必需的。

enhancement 是名词形式

36. redundant（**52**）

［rɪ'dʌndənt］（英文）extra, so not needed; *extraneous*

adj. 多余的；冗长的，累赘的；被解雇的，失业的

■ undu-, und-（拉丁词根，表示“flow, wave”）

redundant = re（repeat，again）+d+und（水流，流程）+ant，有些政府机构的办事流程复杂，很多环节都是重复的，是“多余的，冗长的”。

有人给绵羊又穿上了一件毛衣，这是不是 redundant 呢？

UFO 是 unidentified flying object 的简称，意思是无法辨认的飞行物。你自己的飞行器对你来说应该不是无法辨认的，所以 nobody 会在自己的飞行器上写 UFO，尽管他可能希望别人认为他们是天外来星。

相关单词：

redundancy 是名词形式

37. tempered（52）

［ˈtəmpəd］（英文）mild；not severe or extreme；controlled；*moderate*；*restrained*

adj. 缓和的，温和的；调节的

tempered 也是动词 temper 的过去式,过去分词。

temper *n.* 性情;脾气;心情;回火 *v.* 使缓和;调和;(使)回火

一个人的脾气很坏,就是 ill-tempered, 也可以说这个人 bad temper。

“钢化玻璃”可翻译成“tempered glass”,中文强调的是这种玻璃的不易碎性,所以叫“钢化”,而英文叫“温和的玻璃”,是强调它破碎以后不像普通玻璃那样尖锐,不易伤人。所以汽车前挡风玻璃用的就是这种 tempered glass。

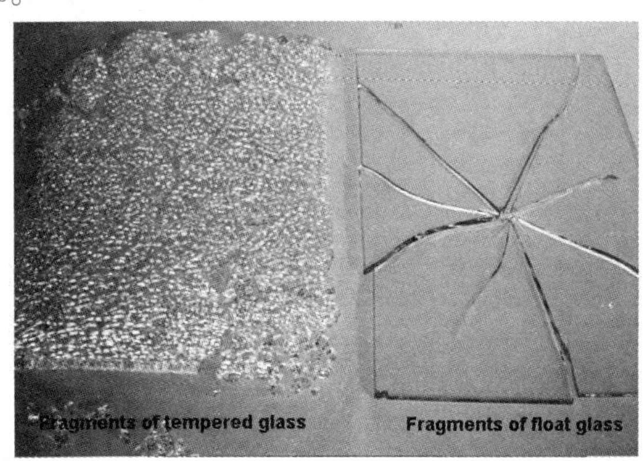

相关单词:

temperate *adj.* 有节制的;稳健的;温和的

temperance *n.* 节制(尤指饮食),有分寸,戒酒

intemperate *adj.* 不节制的,过度的,饮酒过度的

38. dubious (52)

[dju:bɪəs](英文)doubtful, and probably untrue; *implausible*

adj. 可疑的,不确定的,暧昧的;怀疑的;不光彩的

■ duo-, du-, (拉丁词根,two, double)

这个单词可以和 ambiguous 比较记忆, ambi 也是拉丁词根,表示“both”。

ambiguous= ambi(both)+guous, 表示不确定的,可疑的。

dubious= du +bious 也表示“不确定的,两个方面都有的”。

电影“盗梦空间”被公认为是最费脑子,最考验智商的一部电影,在一层一层的植入梦境中,你看懂了吗? 在影片结束的时候,导演故意给大家一个模棱两可的,不确定的(dubious, ambiguous)结局。看起来 Dom Cobb 完成了任务,他找到了自己的孩子,而且完成了这个几乎不可能的任务,但这个是真的呢还是又被植入的一个新的梦境呢? Dom 有一个陀螺,用来识破他现在的处境是真实的还是梦境。如果陀螺一直转,就说明是梦,如果陀螺最终停下来,就说明是真实的。于是 Dom 转动了陀螺,可是影片也结束了,留给大家一个 ambiguous 的结局。

39. depict (51)

[dɪ'pɪkt] (英文) to represent in words or pictures; to describe a scene or situation; to show; to *convey*

v. 描绘;描写;描述

■ pict-, paint- (拉丁词根,来源于 picture,意思是"paint,picture")

■ de-(拉丁词根,有"完全,彻底"的意思,起到强调和加强的作用)

depict=de+pict,把一个事物或者场景像图片一样展现在读者面前,就是描绘,描写。

民间有高人用电脑键盘把 Dr. House (豪斯医生)的那张臭脸描绘(depict)出来了,very cool!

相关单词:

名词形式是 depiction

40. compelling（51）

[kəm'pəlɪŋ]（英文）to arouse an irresistible feeling; forceful; *incisive*; *provocative*; *engaging*

adj. 引人入胜的；非常强烈的；不可抗拒的；令人信服的

■ pel-（拉丁词根，beat, strike, knock）

■ com-（拉丁前缀，with）

compelling 就是“具有(with)打击力，冲击力(beat)”，不是不关痛痒的，而是“非常强烈的，不可抗拒的”。美国 ABC 电视台宣传他们的 news 频道的时候，就说他们的节目 very compelling。

如果说，下面这是用高速摄影捕捉的世界顶级跑车爆炸的瞬间，非常 compelling，相信没有人会怀疑，因为复杂的机械部件清晰可见。可事实是，它的确出自普通相机镜头，只不过耗时 2 个月。

相关单词：

compel *v.* 强迫，使不得不；引起反应

compulsion *n.* 强迫，强制；冲动

compulsory *adj.* 义务的；必修的；强制的，强迫的；规定动作的

41. indifferent（51）

[ɪn'dɪfrənt]（英文）not caring about something-such as an outcome-one way or the other; *apathetic*

adj. 冷淡的，不感兴趣的；不在乎的；一般的

这个单词里面有一个单词，就是 different，不同的意思，大家都应该认识这个单词。

■ in-，（拉丁前缀，no, not）

indifferent= in（not）+different，就是没有什么不同，很普通，“一般的”，因为没有什么特殊之处，让人“不感兴趣，不在乎”。

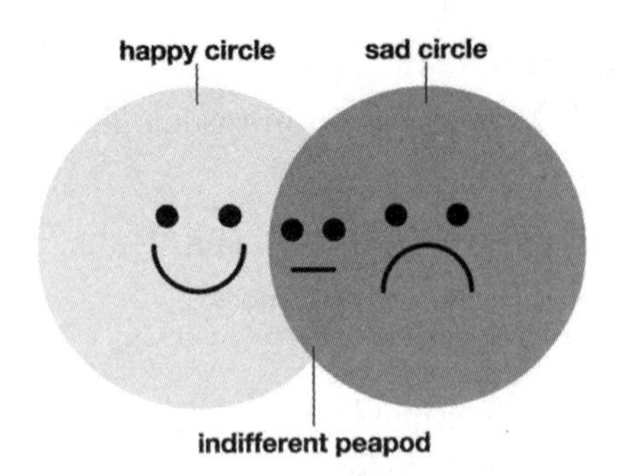

相关单词：

indifference 是名词形式

42. embellish（50）

[ɪm'belɪʃ]（英文）to decorate; to make beautiful or *aesthetic*; to make additions to, especially as in adding fictious details to a story

v. 修饰，装饰；润色

■ bell-, bel-,（拉丁词根，表示“美丽，漂亮的”意思）

■ em-,（拉丁前缀，to cover with, to cause to be）

embellish＝em+bell（美丽）+ish，可以这样记忆，就是使（cause to be）现有的事物看起来更美丽（bell），对于文章来说，就是“润色”，对于物品就是“装饰，修饰”。

上图告诉我们，每一个爱吹牛的老公背后，幸亏都有一个实诚的老婆。

相关单词：

embellishment 是名词形式

43. supplant（50）

［sə'plɑːnt］（英文）to replace as better *v.* 取代

supplant= su(b)(below，下面)+plant(植物)，一年生植物到了冬季就枯萎了，可是第二年的春天，在它的下面又长出了新的植物取代它们，这就是 supplant。

44. fabricate（49）

［'fæbrɪkeɪt］（英文）to make or devise something; to make up an elaborate story, as in to lie

v. 编造，组装，捏造，伪造

有一个单词叫作 fabric，意思是“织物，布”的意思，我们通常说布是“编织”出来的。

fabricate=fabric（布）+ate，就是编织，组装的意思，从编造引申出来捏造、伪造的意思。

相关单词：

fabrication *n.* 制作，构成，伪造物，装配工

fabricator *n.* 捏造者，制作者，假造者，杜撰者

45. plausible（49）

[ˈplɔːzɪbl]（英文）believable；probably；likely

adj. 貌似真实的，貌似有理的；花言巧语的

热播美剧《绝命毒师》(Breaking Bad)讲述的是一个才华横溢，却一辈子憋屈的中学化学老师Walt，在50岁生日的时候得了癌症。为了给即将出生的女儿和有残疾的儿子以及没有工作的老婆留下一些积蓄，他铤而走险开始制作冰毒。该剧采用的是魔幻现实主义的风格，让一个老实巴交的中学老师一次又一次地死里逃生，打败了一个又一个的大毒枭，成为墨西哥贩毒界"人人传诵"的"Heisenberg"。在第一季中，Walt和Jesse用铝热剂炸开仓库门，盗取了一大桶制作冰毒的原料甲胺(methylamine)，尽管他们忘了圆筒可以滚动，而硬是把那么重的一个大桶抬了出来，被Hank嘲笑是"笨贼"。你认为Walt和Jesse能那么轻易地偷走一大桶甲胺吗？It is plausible or implausible?

相关单词：

implausible 反义词

46. parallel（49）

[ˈpærəlel]（英文）something equivalent; a comparison; an analogy

adj. 平行的；类似的；*n.* 类似物；平行线；纬线 v. 使平行

■ para-, par-（希腊词根，“beside, by the side of”）

parallel=para（旁边）+llel 三个 l 落在一起，当然是平行了。

考考你的眼力，下面的横线是平行的吗？

Are the horizontal lines parallel or do they slope?

相关单词：

unparalleled *adj.* 无比的，无双的，空前的

47. eradicate（49）

[ɪˈrædɪkeɪt]（英文）to wipe out; to eliminates; to destroy

v. 根除；消灭

■ radic-, radi-,（拉丁词根，root）

eradicate =e(eliminate,消除)+radic(root)+ate, 从根上就消除,就是消灭的很彻底,“斩草除根”。

相关单词:

ineradicable 反义词,表示“不能根除的,根深蒂固的”。

48. dominant (49)

[ˈdɒmɪnənt](英文)having great or complete power or influence over someone or something; primary

adj. 占优势的;统治的,支配的;突出的;显性的

dom-, domo-, domat-,起源于两个拉丁单词,一个是 domus,意思是“house”, 另外一个单词是 dominus,意思是“master (主宰)”, 这两个单词是相互有联系的。

在圣经中讲到,国王 Ahasuerus 因为对王后的骄横跋扈不满,下令说“Every man is to be master of his own house.” 在罗马帝国,人人都信奉这一教条。所以 dom-,domo-, 这个拉丁词根就是“home,house,master”的意思。

-ant,通常是一个后缀,表示“一个人,一个事物”。虽然 ant 是一个蚂蚁,但这里它代表的是“一个人”,和宇宙相比,人真的是很渺小,说是个蚂蚁也不为过。

dominant=dom(house)+in+ant,就是房子(house)内部(in)占支配地位的人。

下图就是国王 Ahasuerus 和王后 Esther 。

相关单词:

dominate *v.* 支配,控制,主宰;在……中占主要地位;处于支配地位

domination *n.* 统治,支配

predominant *adj.* 主要的,占主导地位的,支配的;占优势的,卓越的;有影响的

49. deleterious（**49**）

[delɪ'tɪərɪəs]（英文）harmful

adj. 有害于,有毒的

■ deleter-, deleteri-,（希腊词根,harm）

可以这样记这个单词,delete 是删除的意思。

deleterious = delete +rious,很多人认为现在的孩子上网很容易接触到各种各样的不良信息,应该给孩子的电脑设置个自动识别装置,对于“有毒有害的”信息应该自动删除(delete)。

50. discord（48）

[ˈdɪskəːd]（英文）disagreement; disharmony; especially among people; tension or unease between people, and often the resulting confusion

n. v. 不和；嘈杂声；不和谐

cord 作为单词是“绳子，绳索”的意思，它也是一个拉丁词根，表示“heart”中心的意思。

discord= dis（反义前缀）+cord（准绳，中心），跟国家强调的“一个中心，两个基本点”国策相反，那就是“不和谐”了。

不怕猪一样的队友，就怕不和谐的老板！

相关单词：

discordant *a.* 不调和的，不和的

concord *n.* 和谐，和睦；一致

accord *n.* 一致；协议；（音调）协和；和解协议；自愿意志，*v.* 给予；调解；一致

51. futile（48）

['fju:taɪl]（英文）completely useless or ineffective; so hopeless that effort to change a situation is wasted

adj. 无效的,无用的;琐碎的,不重要的;没有出息的

■ fu-（拉丁词根,pour,melt）

futile= fu(melt, pour)+tile, tile 是瓷砖,瓦片的意思,冰都融化了(melt), 水都泼出去了(pour), 瓦罐也都支离破碎了,那么这些东西都成了"无用的",变成"琐碎的"了,可以引申为"不重要的,没有出息的"。

相关单词:

futility 是名词形式

52. indulgent（47）

[ɪn' dʌldʒənt]（英文）giving in to another's wishes; permissive; lenient; *tolerant*; *condoing*

adj. 溺爱的,纵容的,放纵的

indulge 是动词形式

■ indulge-(拉丁词根,表示"take pleasure, kindness")

看着孩子越来越圆的大肚子,让我想起了另外一个单词 bulge（*v.* 凸出,鼓起）, 和 dulge 很相似。孩子"饭来伸手",肚子"bulge",父母还是一如既往地有求必应,这就是溺爱,indulgent。

关联单词:

overindulge　溺爱,过分放任,过分沉溺(与 in 连用)

self-indulgent *adj.* 放纵的,任性的

53. indignant（47）

[ɪn' dɪgnənt]（英文）annoyed or insulted, especially about one's dignity; angered *adj.* 愤怒的，愤慨的

我们以前见过一个单词 dignity，是尊严的意思。indignant = in+dign(ity)+ant 如果尊严受到了挑战，藏在尊严下的内心一定是很“愤怒的”，就像下面这位小朋友一样。

关联单词：

indignity 是名词形式

54. eclectic（47）

[ekˈlektɪk]（英文）selecting the best from different sources; selective; varied

n. 折中主义者，折中派的人 *adj.* 选择的，折中的

■ -lectic，（拉丁词根，choose）

■ ec-，（希腊前缀，out of，away from）

eclectic = ec(out of)+lectic(choose)，就是不局限(out of)在一种选择(choose)上，那就是折中的。

如果我们说一个人对音乐的品味是 eclectic 的，就说明他既喜欢古典音乐，比如贝多芬，又喜欢现代音乐，比如 lady Gaga，Justin Bieber。下面就是 lady gaga 穿着她最著名的牛肉做的衣服在领奖。

55. vindicate（47）

[ˈvɪndɪkeɪt]（英文）to prove someone right in the end；to free him or her from blame；*to exonerate*

v. 证实；证明有理；澄清（责难或嫌疑）；证明（某人）无罪（责）

■ vin-（拉丁词根，表示“force”的意思）

■ dic-，dict-，（拉丁词根，表示“talk，speak”）

vindicate = vin（force）+dic（talk）+ate，努力（force，费力）说明（talk），以证明有理，或者澄清嫌疑。

每次红太郎用平底锅敲打自己的老公时，灰太狼总是尽力证明（vindicate）自己真的在很努力地抓羊了！

关联单词：

vindication 是名词形式

56. exemplary（46）

[ɪgˈzəmplərɪ]（英文）showing by being a great example; outstanding

adj. 典范的；可仿效的；惩戒性的

这个单词很明显是从 example（例子，榜样）转化而来的，榜样的力量是无穷的，一旦成为榜样，那一定就是“可仿效的，是典范的”。

example V. S. exemplary

雷锋一直以来都是大家学习的好榜样！以为是中国的特色。来到美国以后，才发现原来“美国人都是活雷锋！”，当然只局限在小事和帮小忙上。

关联单词：

exemplar *n.* 模范，榜样

exemplify *v.* 是……的典型；举例说明

57. inhibit （**46**）

[ɪn'hɪbɪt]（英文）to block; to hold back; to *impede* or *suppress*

v. 禁止，抑制

■ -hibit（拉丁词根，表示"live，dwell" 居住，居住地的意思）

inhibit = in （inside）+hibit（dwell）

在动画片"A bug's life"里面，蚂蚁们世世代代生活的空间实际上就是在一棵大树底下，但是对蚂蚁来说这里已经无穷大了。在这个居住地（dwell）里面（inside）有很多禁忌，最著名的就是"离开这个岛，就会死亡"。这种想法大大"抑制"了蚂蚁们的创造力，直到出现了"菲利"！

关联单词：

inhibition *n.* 抑制，压抑；禁止

58. discredit （**46**）

[dɪs'krədɪt]（英文）to harm someone's reputation; to show something should not be trusted; *debunk*; *refute*

v. 不信；败坏……的名声；使丢脸 *n.* 名誉丧失；耻辱；怀疑；无信用

credit 是信用的意思，我们都有信用卡 credit card，就是先从银行借钱消费，然后偿还。银行为什么能借钱给你呢，凭的就是你以前的信用记录。如果你总是按时还钱，你的信用记录就高，银行给你的信用等级

(credit line)就高,也就是你能从银行借到更多的钱。

discredit=dis(反义前缀) +credit,没有了信用,那就是“败坏了名声”,从而“名誉丧失”。

父母总是喜欢给小孩讲“狼来了”的故事,教育孩子们不要失信于人。这个故事就是 discredit 的典型事例。

59. contemporary (46)

[kən'təmprərɪ](英文) occurring at the present time; occurring at the same time in history; modern

adj. 同一时代的,当代的 *n.* 同代人

■ tempo-, tempor- (拉丁词根,表示“time”的意思)

■ con-(拉丁前缀,“with”的意思)

contemporary=con(with)+tempo(time)+rary, 就是“当代的”意思,名词就是“同代人”。

美国著名的韦斯利女子学院有一个当代艺术展馆(contemporary art),其中很多作品就像下面这幅画一样,让人摸不着头脑。

相关单词：

contemporary *adj.* 同一时代的，当代的 *n.* 同代人

contemporaneous *adj.* 同时期的，同时代的

60. provoke（**45**）

[prə'vəʊk] to arouse strong feelings in someone; to anger

v. 激起，引起；驱使，煽动；挑衅，激怒

■ voc-，vok-，（拉丁词根，表示“talk，call，speak”）

■ pro-，（希腊前缀，before）

provoke = pro(before) + vok(talk)，就是在别人说话之前，说一些煽动，挑衅的话，用来激怒别人，如下图中指着别人的鼻子骂。

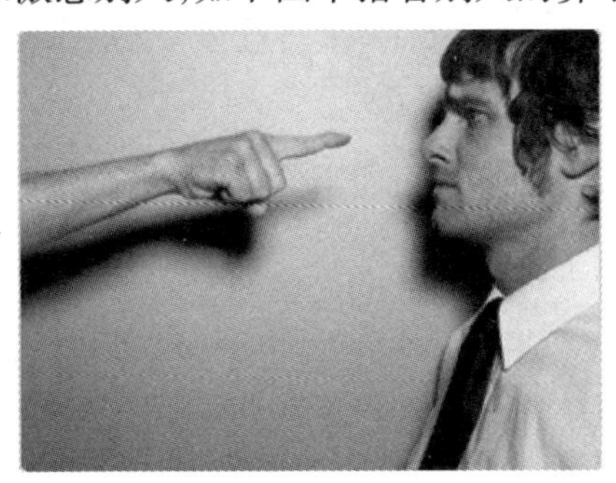

相关单词：

evoke- to call forth，引起，激起

revoke- to call back，撤销，取消

invoke- to call upon，祈求；恳求

provoke- to call forth，引起，激起

provocation *n.* 挑衅；挑拨；激怒，挑衅行为；激怒的原因

provocative *adj.* 气人的，挑拨的，刺激的 *n.* 刺激物；兴奋剂

61. solicitous（45）

[səˈlɪsɪtəs]（英文）eager to help；asking if one can help；*sympathetic adj.* 热心的，渴望的，热切期望的

■ cit-，citat-，（拉丁词根，表示“talk，speak”的意思）

solicitous = soli（social，社会的）+cit（talk）+ous，一看到这个词，就想起了居委会大妈，闲人马大姐。马大姐最大的特点就是热心，对于社会上的（social）看得惯的看不惯的人和事，有事没事都爱说（talk）两句。

下面这个漫画的热心肠，就有点让人啼笑皆非了。他说你走路可要小心呀，因为你的鼻子太大了，可能很难保持平衡呢。

相关单词：

solicit *v.* 请求，恳求，乞求；征求；拉客

solicitude *n.* 热心；关怀

62. daunting（45）

[dəːntɪŋ]（英文）discouraging；intimidating；scary

adj. 令人畏惧的;使人气馁的;令人却步的

有一个单词是 haunting,意思是“萦绕心头的,使人难忘的”,闹鬼的屋子就是 haunting house。

haunting 和 daunting 这两个单词是押韵的,可以对比记忆。如果鬼老来缠着(haunting)你,那一定是一件让人“畏惧的”(daunting)的事情。这样你就记住了两个单词。

看看纽约市的这个鬼屋是不是令人 daunting?

相关单词:

undaunted *adj.* 大无畏的,勇敢的

63. skepticism（44）

[ˈskəptɪsɪzəm]（英文）doubt

n. 怀疑态度,怀疑论

■ skept-(拉丁词根表示“examine”)

仔细检查就是因为抱有“怀疑的态度”。

It is wise to maintain a healthy skepticism. 不要因为权威或者书本如是说,就完全相信。应该抱着一种怀疑的态度来学习。

相关单词：

skeptical *adj.* 怀疑论的，不可知论的；怀疑宗教教条的；怀疑的

skeptic *n.* 怀疑者，怀疑论者，无神论者

64. coherent（44）

[kəu'hɪərənt] sticking together in a unified whole; orderly; logically understandable; *lucid*

adj. 紧密结合的；有黏性的，一致的；协调的

■ her-（拉丁词根，表示"stick to"）

终于明白为啥女生（her）都那么黏人（sticky）了。

coherent = co（with）+her（stick）+ent，她（her）具有（co）黏人的特性，就是因为她这么黏，所以一个家庭才能有"一致性"和"协调性"。

宝宝说："有时候男的也挺黏的，看看这位！"

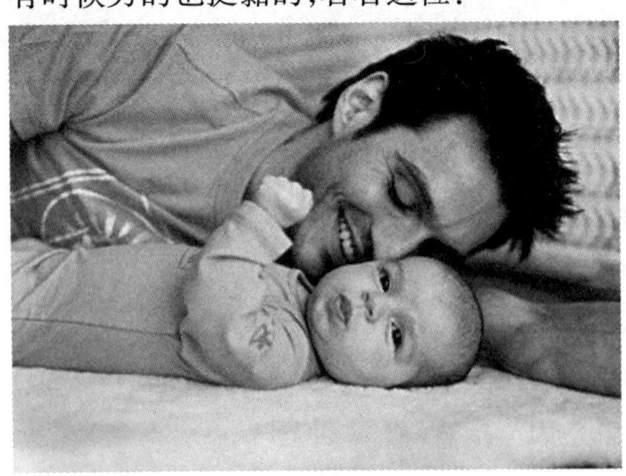

65. autonomy（44）

[ə:'tɒnəmɪ]（英文）independence; self-government

n. 自治,自治权

■ auto/aut(希腊词根,意思是"same","self")

automatic,自动,就是 operate by itself

automobile,汽车,就是 moves by itself without the help of a horse。

autograph,亲笔签名,是指 a handwriting of the person him/herself。

nomos 是希腊语"law"的意思,something autonomous makes its own law. 就好像加拿大的 Quebec 地区他们的官方语言是法语。

下面这幅图告诉我们全世界妇女地位都是至高无上的。

相关单词:

autonomous 是形容词形式,表示"自治的"。

66. comprehensive (44)

[kəmprɪ'hensɪv] (英文) all-inclusive; thorough; complete; *encompassing* a great deal

adj. 综合的;广泛的;有充分理解力的

■ prehend-(拉丁词根,来源于拉丁动词 prehendere,意思是"to seize",抓住)

comprehend 就是领会的意思,to mentally grasp something's complete

nature or meaning。它不仅仅是 understanding(理解)的意思,也是融会贯通、心领神会的意思。

comprehensive 包括很多内容,comprehensive exam 就是包括课程中所学习到的所有内容,比如高考就是一个 comprehensive exam。也就是说你需要做很多很多题,就像下面的同学一样。

67. ambiguous (**44**)

(英文)unclear, capable of being interpreted in more than one way; uncertain; doubtful; *dubious*; not *definitive*

■ ambi-,(拉丁词根,是“both”的意思) *adj.* 引起歧义的,模棱两可的,含糊不清的

ambiguous 来源于拉丁动词“ambigere”,意思是“to be undecided”。

仔细看看下面这幅画,你能看出它是两种动物吗?这个就是 ambiguous drawing 的精妙。

相关单词：

ambiguity *n.* 含糊，暧昧，不明确

unambiguous *adj.* 不含糊的；清楚的；明确的

68. pretentious（43）

[prɪ'tənʃəs]（英文）believing oneself to better than others; boastful; *affected*; not *modest* or *reserved adj.* 自命不凡的，炫耀的；做作的

■ -tent-（最早是从希腊语来的，后来变为拉丁词根，意思是“stretch”，“tension”）

■ pre-（拉丁词根，“before”的意思）

pretentious 是说在真正的压力（tension）到来之前，就已经开始“stretch”比比画画的了，这明显是“做作的，炫耀的”。

电视剧“甄嬛传”中的华妃，仗着自己的哥哥年羹尧的势力，在皇宫中就是 pretentious，最后也没捞到什么好下场。

相关单词：

pretense *n.* 假装；矫饰；借口；炫耀

pretension *n.* 自负，骄傲，主张

69. rhetoric（43）

['retərɪk]（英文）impressive sounding, though sometimes empty words; a formal speech

n. 修辞，修辞学；华丽修饰的语言，花言巧语

■ rhetor-（希腊词根，表示“the technique or art of public speaking”）

美国总统要靠演讲来赚取选票，所以培养出来的都是演讲高手。罗斯福，奥巴马都是很擅长 rhetoric，比如肯尼迪总统在就职演说上的一段

话，至今让美国人耳熟能详。

“My fellow Americans: ask not what your country can do for you—ask what you can do for your country.”

相关单词：

rhetorical 是形容词形式

70. ephemeral（43）

[ɪ'fəmərəl]（英文）short-lived; present so fleetingly as barely to exist; *transient*; *evanescent*

adj. 短暂的；朝生暮死的

■ hemer-, hemero-,（希腊词根，表示“day”的意思）

■ epi-,（希腊词根，表示“above, among, toward”）

ephemeral= ep(among)+hemer(day)，所以 ephemeral 就是在一天之内就死了，朝生暮死。

爱情有时候很短暂的，doesn't last long!（ephemeral）

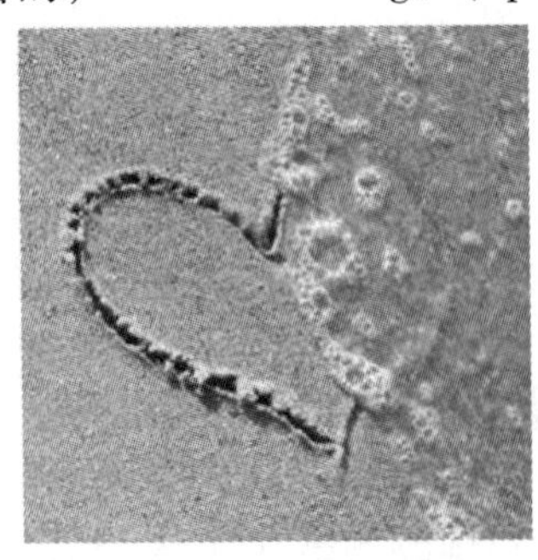

71. spurious（43）

[ˈspjurɪəs]（英文）not genuine; fake; false; *inauthentic*

adj. 伪造的，假的，假托的，欺骗性的

假货害人不浅呀，我相信大多数人都有过这样的经历：高高兴兴地买了东西，打开以后非常 surprise，就像下面的那件水貂皮大衣一样。当然这种 surprise 最好还是不要。仔细观察后发现，spurious（假的）和 surprise，这两个单词也非常相像，可以通过 surprise 记住 spurious 这个单词。

72. valid（43）

[ˈvælɪd]（英文）well-grounded; sound; logical; effective; legal; *legitimate*

adj. 有充分根据的，正当的；有效的；有法律效力的

■ val-（拉丁词根，表示“值得”的意思）

所以 valid 就是“正当的，有效的”。

下面就是一个 valid 美国驾照

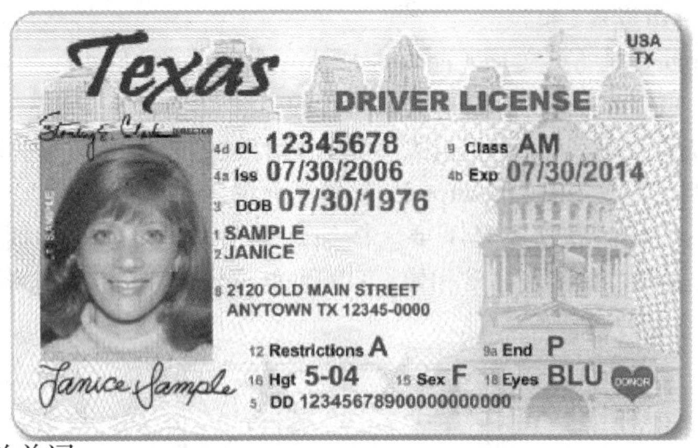

相关单词：

validity *n.* 合法性；正确，符合逻辑

invalid *adj.* 无效的；无根据的；有病的

73. contempt（43）

[kən′tempt]（英文）looking down on others or feeling superior to them; to feel that someone or something deserves great disrespect; *condescension*

n. 轻视，轻蔑；藐视，不顾

■ tempt-，（拉丁词根，表示“轻视”的意思）

■ con-（拉丁前缀，“with”的意思）

美国剧集“Lie to me”中专门研究别人的微表情，如果你看到一个人“嘴角紧绷，嘴角一侧微微上挑”，那说明他内心对你是“轻视”的。如果在日常生活中能观察到这些微表情，并加以应用，就太有用了。

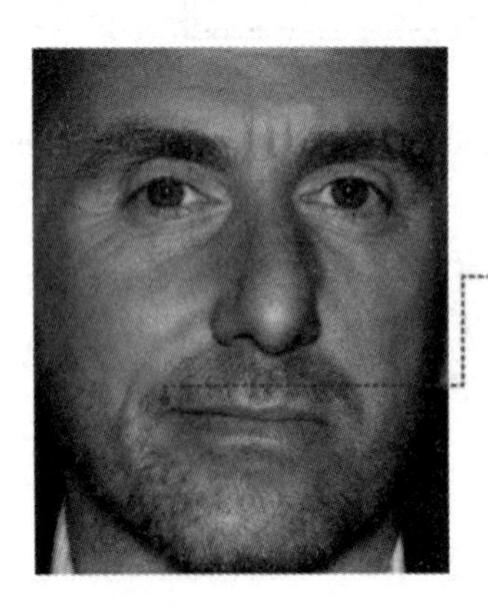

相关单词:

contemptuous 是形容词形式,表示蔑视的,鄙视的。

74. restrained（**43**）

[rɪ'streɪnd]（英文）calm and collected; controlled; not *impulsive*; *reserved*

adj. 克制的,受限制的

■ strain-, strict-(拉丁词根,表示"draw tight, compress","拉紧,限制"的意思)

strict 作为单词是"严厉的"的意思。

restrained = re（again）+ strain（拉紧）,反复拉紧,就是"受限制"。

美国法律规定,六岁或体重六十磅以下的小朋友坐汽车一定要使用儿童座椅,并扣好安全带。孩子在车上是受限制的(restrained),但是却安全多了。

相关单词:

self-restraint *n.* 自制

75. mundane（**43**）

['mʌndeɪn; mʌn'deɪn]（英文）relating to everyday life; uninspired; *banal*; *prosaic*

adj. 平凡的,单调的;世俗的

■ mundane-, mund-（拉丁词根,表示"earth, world"）

Want to have a game of extreme ironing?

No, I'm more into mundane sports, like mundane hockey and mundane rugby. We can do some mundane ironing, if you want.

小人甲邀请小人乙参加“极限熨衣”的运动，小人乙非常明智，说自己只喜欢普通的运动，如果是普通的熨衣服，他会愿意参加的。什么是“极限熨衣”呢，就是像下面这样，是一种鲜为人知的，挑战人的极限的运动。参赛者带着衣服、熨斗和熨衣板攀登险峻的山峰、潜入水中、在雪地中、在沙漠里、把自己拴在悬崖之间的钢丝绳上进行熨衣服，这种运动据说能结合户外运动的挑战性和熨衣服的温馨。呵呵，怪不得小人乙不愿意去呢，你敢去吗？

76. impetuous（43）

[ɪm'petʃuəs]（英文）rash；*impulsive*；*capricious*；not *restrained*

adj. 冲动的，鲁莽的；猛烈的

■ pet-，peti-，（拉丁词根，表示“aim for，to seek”，寻求，对准目标的意思）

impetuous=im(in)+pet(寻求)+uous，为了寻求目标，就一头扎进去了(in)，这样做一般是非常冲动和鲁莽的。下面这个小朋友就是现代版的小张飞(impetuous)。

相关单词:

impetuosity *n.* 激烈,猛烈,性急

impetus *n.* 动力,促进。

77. repudiate（42）

[rɪ'pjuːdɪeɪt]（英文）to reject a person or an idea completely; to have nothing to do with any longer

vt. 离婚,抛弃,拒绝,拒付,拒绝履行

Martin Luther(欧洲宗教改革倡导者,不是那个黑人领袖,马丁·路德·金)写了《九十五条论纲》,其中四十一条是批评教会的著作。1952年在德国小镇 Worms,由皇帝查理五世主持,要求 Martin 收回他对教会不利的著作。他们是这样问 Martin 的,"Martin, do you or do you not REPUDIATE these books and the falsehoods they contain?" Luther refuse to **repudiate** his words, defiantly declaring, " I cannot , I will not recant these words. For to do so is to go against conscience. Here I stand!"

相关单词:

repudiation *n.* 抛弃,否认,拒付

78. definitive（42）

[dɪ'fɪnɪtɪv]（英文）settling a disputed matter finally; no longer *tentative*; conclusive; *authoritative*; *decisive*

adj. 最后的，确定的；决定性的；限定的

define *n.*"下定义，使明确

definition *n.* 定义

definitely *adj.* 明确地，肯定地

defining *n.* 规定

indefinite *adj.* 模糊的，不确定的，无限的

79. debunk（42）

[ˌdɪ:'bʌŋk]（英文）to prove wrong or false; to invalidate; *refute*; *discredit*

vt. 揭穿，暴露，拆穿假面具

In the past, celebrities have been helpless in debunking these rumors. Today, however, celebrities have found Twitter to be a useful way to debunk the myths and rumors about their lives. Justin Bieber tweeted, "correcting rumors... I love twitter."

在中国的娱乐圈、名人圈，大家推崇的是新浪微博，微博女王姚晨的粉丝突破2 000万大关。这么多人关注，要想辟谣估计比报纸的宣传力度可大多了。姚晨的粉丝可比Justin Bieber的多多了。

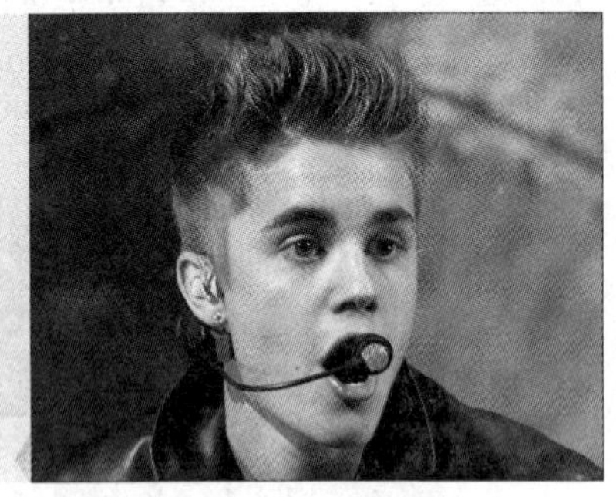

80. divergent（42）

[daɪ'və:dʒənt]（英文）to separate; to split away from; to move apart; to travel in different directions

adj. 有分歧的，叉开的

■ verg-, -vergent,（拉丁词根，表示"bend, curve"趋势的意思）

■ di-,(拉丁词根,表示"separation,apart", 有分开的意思)

divergent=di(分开)+vergent(趋势), 有分开的趋势就是"有分歧的,叉开的"。

美国目前很热门的反乌托邦的优秀科幻小说《Divergent》

在芝加哥,人类的居住已经变成分派(factions)而居,有无私派Abnegation (the selfless), 诚实派 Candor (the honest), 无畏派 Dauntless (the brave), 和平派 Amity (the peaceful)和智优派 Erudite (the intelligent)。每个派有自己的居住区域,遵守他们的派系信仰,穿特别颜色式样的衣服,在城市担任特定类型的服务角色。

夫妻双方有共同的兴趣爱好,婚姻顾问说一个打网球,一个打高尔夫可不行。Really?

相关单词:

diverge *v.* （使）分叉;分歧;（使）偏离;离题

converge *v.* 汇集,聚集,集中;相交,会于一点

81. digress（41）

[daɪ'gres]（英文）to wander away from a topic; to change the subject of a discussion momentarily

v. 离题;偏离,撇开

■ -gress,(拉丁词根,"walk, step"的意思)

progress 进步,to **step** forward

regress 回归,倒退 to **step** back

transgress 越轨;违背(道德) to **step** across the line that divides right from wrong

egress 外出,出口, to **step** out, to exit

aggressive 侵略的,好斗的 tending to attack

■ di-,(拉丁词根,"separation,apart"分离,分开的意思)

digress= di(separation)+gress(walk),离开主要的 topic,就是跑题,偏离。

SAT 考试的第一项就是写作,可千万不要下笔千言,离题(digress)万里呀!

相关单词:

digression *n.* 离题,偏离主题

digressive *adj.* 枝节的;离题的

82. sustain（41）

[sə'steɪn]（英文）to hold up; to support; to keep something going

v. 支撑;支援;激励;保持

■ -tain(拉丁词根,表示"hold, grasp"的意思)

■ sus-(拉丁前缀,under)

sustain= sus(under)+tain(hold),意思就是在下面 hold 住,就是 support 住重物,表示"支撑;支援"。

谈到环保,经常能听到的一个词,就是要"可持续发展",用英文怎么说呢,就是"sustainable development",意思就是资源不能一次就用光了,要能支撑得住,要为以后打算,这种发展模式能够持续下去。像下面这

样挖掘,人类迟早是要灭亡的。

83. incongruous（41）

[ɪn'kɒŋgruəs]（英文）not fitting or matching; seeming out of place

adj. 不协调的,不一致的,前后不一的

■ congru-（拉丁词根是“agree”的意思）

■ in-,（拉丁前缀,有“no, not”的意思）

incongruous=in（反义前缀）+congru（agree）+ous 表示前后不一致的。

下面这张钱,就是典型的前后不一致。假钱！鉴定完毕！

相关单词：

incongruity *n.* 不调和,不一致,不配合

congruent *adj.* 适合的,一致的,符合的,全等的

84. diffident（40）

['dɪfɪdənt]（英文）lacking confidence; shy; *reserved*; *apprehensive*; *wary*

adj. 无自信的,羞怯的

■ fid-, fidel-,（拉丁词根“believe, trust”的意思）

大家一定认识一个单词 confident,自信的

confident = con(具有) +fident(trust)

diffident = dif(反义前缀) +fident(trust), 缺乏信任的,缺乏信心的。

很多人在台下侃侃而谈,一上台就像下面这样了。

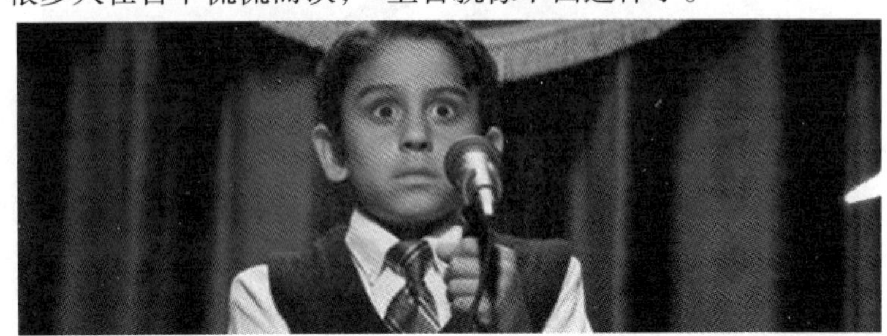

相关单词:

diffidence 是名词形式

85. subtle (40)

['sʌtl] (英文) so slight as to be hard to notie; hard to *distinguish or discern*

adj. 隐约的,稀薄的;清淡的;纤细的;狡猾的, 敏感的, 微妙的

■ sub- (拉丁词根,under, below)

subtle = sub(below) +tle,就是在下面的,隐隐约约能看见的,纤细的

隐隐约约就是透视装的魅力了!

让我们看看巩俐的魅力透视装。

相关单词:

subtlety *n.* 微妙,精明

86. transient (**40**)

[ˈtrænzɪənt] (英文) passing through a place quickly; not lasting; short-lived; *transitory*; *ephemeral*; *evanescent*

adj. 暂短的;转瞬即逝的;临时的

■ trans-, tran-(拉丁词根,表示"across, through" something)

translation 是把作者的意思从一种语言 through to 另外一种语言。

电视信号是 transmitted(传输) through 空气或者是 cable 到达你家电视的。

乘坐 public transportation, 就是从一个地方 through to 另外一个地方。

A transient mood 就是一种情绪很快就消失了。

我们也可以说 A summer job on a farm is transient work, lasting only as long as the growing season.

夕阳无限好,可惜近黄昏呀! 这种美景稍纵即逝(transient)。

相关单词:

transience *n.* 顷刻,无常,虚幻

87. serene (**40**)

[sɪˈriːn] (英文) not disturbed; peaceful; quiet; *tranquil*

adj. 平静的,安详的;清澈的;晴朗的

中国的月亮女神应该是嫦娥,而希腊的月亮女神是 Selene。月亮给人的感觉通常是平静的,安详的,所以 serene 将"l"改为"r"就是平静的,

安详的意思。

相关单词：

serenity *n.* 平静，宁静

88. inconsequential（40）

[ɪnkənsɪ'kwenʃəl]（英文）not worth noticing; unimportant; so insignificant as to have no consequences; *negligible*; *trivial*; *trite*

adj. 不合逻辑的，不合理的，不重要的

■ sequ-（拉丁词根，表示"follow"的意思）

inconsequential = in（反义前缀）+con（具有）+sequ（后续的），不具有延续性的，就是"不合逻辑的，不合理的，不重要的"。

No big deal! 就是不重要的！

相关单词：

consequence *n.* 结果；成果；后果；推论；重要性

consequential *adj.* 重要的，有意义的

89. scrutinize(40)

[ˈskruːtənaɪz]（英文）to examine something closely, especially with an aim to finding faults

v. 仔细检查;细看,细阅

■ scrut-(拉丁词根: search, investigation, inquiry; examining)

scrutinize= scru(b)+tinize(tiny),就是仔细检查(exam)一些细小的(tiny)地方,他们用的是高倍放大镜。

scrub *v.* 仔细擦洗

相关单词:

scrutiny *n.* 仔细而彻底地检查

inscrutable *adj.* 难以了解的,不能预测的

90. assert（40）

[əˈsəːt]（英文）to state a belief positively; to claim often without proof

v. 断言;声称;维护;坚持

有一个单词 insert(插入),大家一定记得。在看电视剧的时候,经常会有一些插播(insert)广告。在中国,这些广告一般都是商业广告。在美国大选前夕,美国电视上的插播广告都变成了各个候选人的“断言,声称”,在最后他们都说“ I am WSN(猥琐男的代称), I approve this message.”。

相关单词：

assertion *n.* 断言，声称；主张；坚持

assertive *adj.* 过分自信的，断定的

91. foster（40）

[ˈfɒstə]（英文）to promote; to encourage; to contribute to something's growth

v. 培养，促进；收养，养育 *adj.* 收养的，养育的

foster= fo(r)+ster(star)，以前的父母都希望培养自己的孩子成为科学家、工程师、国家的栋梁。现在的父母想明白了，当歌星来的更实惠，于是培养(foster)的目的(for)变成了明星、歌星，甚至球星，总之都必须成为"star"。

秀兰·邓波儿是最著名的童星之一，前不久刚刚去世，但她创造的可爱小女孩的形象永远留在了人们心中。

92. perplex（40）

[pə'pləks]（英文）to confuse; to mystify

v. 使困惑，使混乱；使复杂化

■ per-，（拉丁词根，表示“through，across”）

■ -plex，（拉丁词根，表示“bend，curve”的意思）

perplex = per(through) + plex(bend)

如果你要走过(through)弯弯曲曲的地方(bend，curve)，就像是进入迷宫一样，你估计会“困惑”“混乱”。进入这样的地方，事情通常就“复杂化”了。

下面就是一个 perplex 的迷宫 game。

perplexus twist 3D puzzle maze（非常复杂的 3D 扭曲迷宫）

相关单词：

perplexing　是形容词形式

perplexity　名词形式，困惑；难以理解的事物

93. narrative（40）

['nærətɪv]（英文）an account，story，or history about something

n. 叙述，故事；*adj.* 叙述的，叙事的，故事体的

■ narra-，（拉丁词根，是“tell，recount”的意思）

narrative 就是讲(tell)故事，表示叙述的，故事体的

相关单词：

narrate *v*. 叙述；给……作旁白

narrator *n*. 讲述者；解说员

narration *n*. 叙述，解说；故事

94. prosaic（40）

[prə'zeɪɪk]（英文）ordinary; matter of fact; lacking imagination; uninspired; *hackheyed*; *mundane*; *banal*

adj. 平庸的；没有诗意的，平淡的；乏味的；无聊的

prosaic 最早是从 prose（散文）这个单词演化而来的，是指写作的内容或者形式是散文，而不是诗歌的形式，并没有贬义的成分。现在这个词多指“平庸的，乏味的”，是贬义词。

95. substantiate（39）

［səbs'tænʃɪeɪt］（英文）to offer supporting evidence; to help prove; to *corroborate*

v. 证实;使具体(实体)化

别人的嘴都封着呢,一定是那个有嘴的人偷吃了好吃的。“封着的嘴”就是最好的 supporting evidence。

相关单词:

unsubstantiated *adj.* 未经证实的

substantive *adj.* 本质的;实质性的;真实的;独立存在的;大量的 *n.* 实词,名词

substantial *adj.* 大量的；实质的；充实的；结实的；牢固的

insubstantial *adj.* 无实体的；非真实的；脆弱的

96. optimistic（39）

[ˌɒptɪ'mɪstɪk]（英文）hopeful; looking on the bright side; expecting the best; *sanguine*

adj. 乐观的，乐观主义的

■ optim-是拉丁词根，表示“best”的意思。

别人都变 blue（抑郁）了，就你什么事情都往好处想，都想着这是“best”的，就是乐观的人生。

相关单词：

optimism *n.* 乐观主义，乐观

optimist *n.* 乐观主义者

97. tranquil（39）

['træŋkwɪl]（英文）calm; peaceful; quiet; relaxing; *serene*

adj. 安静的；安宁的

■ tran-, trans-（拉丁词根，表示“across, through”的意思）

■ quies-，（拉丁词根，表示“calm, rest”的意思）

tranquil = tran（through）+quil（calm），从头到尾（through）都很 calm，就是“安静的，安宁的”。

据说瑜伽打坐能让人从头到脚都获得平静。

相关单词：

tranquility *n.* 平静；宁静

98. denounce（39）

［dɪ'nauns］（英文）to put someone down, often publicly; to blame someone; to accuse

v. 痛斥，指责，揭发，告发，正式通知废除（协定、契约、条约等）

■ nounc-, nunci-,（拉丁词根，表示“message”信息的意思）

■ de-（拉丁前缀，有“undo”的意思，也有 down 的意思）

denounce = de（undo）+nounce（message），“undo”以前的“message”就是“废除条约”。

denounce = de（down）+nounce（message），对以前的“message”持否定态度（down），就是“痛斥，指责”。

废除资本主义，really？

相关单词：

denunciation 是名词形式

99. condescend（38）

[ˌkɒndɪ'sənd]（英文）to talk down to; to act superior to; to *dismiss*, to treat with *contempt*

v. 屈尊;摆架子

descend *v.* 下降,降临

condescend = con(with) + descend(下降),做出降低身份的样子,就是屈尊的意思。

领导就是这样高高在上,摆着架子。

100. partisan（38）

[pɑːtɪ'zæn; 'pɑːtɪzæn]（英文）supporting one side in a dispute, especially over political matters; biased; not *detached* or *objective*

adj. 党派的;偏袒的;效忠的 *n.* 党羽

partisan = party(党)变"y"为"i"+san, 就是"党派的"。

美国有两大党派,分别为民主党和共和党,人们用"驴象之争"来比喻两党的争斗。

19 世纪 70 年代,在美国的《哈泼斯周刊》上,曾先后出现了政治漫画家托马斯·纳斯特的两幅画,分别以长耳朵的驴和长鼻子的象比拟美国民主党和共和党。后来,纳斯特又在一幅画中同时画进了象和驴,比喻当时的两党竞选。画中,两只动物分别坐在以白宫为支点的跷跷板的两端,忽上忽下,极富讽刺意味。不料漫画问世后,两党出人意料地都欣然接受了这两种动物:民主党人认为驴子其实是既聪明又有勇气的动物;而在共和党人的心目中,大象却代表了尊严、力量和智能。自此,驴和象就逐渐成为美国两大党的象征,两党也分别以驴、象作为党徽的标记。

每到选举季节,海报和报纸铺天盖地都是驴和象的“光辉形象”,竞选的会场上也时常出现驴和象的充气塑料玩具。

四年大战一场　两年小战一次

101. prosperity（38）

[prəs'perɪtɪ]（英文）success, especially financial

n. 兴旺,繁荣,昌盛,成功

■ sper-(拉丁词根,表示“hope”的意思)

■ pro-(希腊词根,表示“for”的意思)

prosperity = pro(for)+sper(hope)+ity,有希望就能够“成功,兴旺,繁荣”。

仔细看 prosperity 的英文解释,还是这个说得清楚,就是 success, especially financial,prosperity 就是金钱上,经济上的成功。下面这幅图,就是 prosperity 啦!

相关单词:

prosper *v.* (使)繁荣,昌盛;(使)成功

prosperous *adj.* 繁荣的,昌盛的;成功的;富裕的

102. lucid（38）

[ˈluːsɪd]（英文）clear, easily understood; transpartent; *coherent*

adj. 清澈的,透明的

■ luc-, luci-,（拉丁词根,表示“light”）

lucid 就是光能透过的,就是透明的,就像下面这件透视装一样。

103. advocate（38）

[ˈædvəˈkeɪt; ˈædvəkɪt]（英文）someone who supports a cause; a supporter; a *champion*; a *proponent*

v. 拥护;提倡 *n.* 支持者,拥护者;律师

■ ad-,（拉丁前缀,表示“toward”,“in the direction of”,在同一条战线上）

■ voc-（拉丁词根,意思是“voice”,“speak”）

“vocal ensemble”指的是歌唱组合,“vocation”这个单词最早是指上帝“calling”你做一些神职工作,比如做牧师,现代人对这个词就理解为“职业”。而“vocabulary”就是一些用来“speaking”的 words。

所以 advocate 就是“to speak in favor of”, 这个单词通常做动词,也可以做名词,表示支持者,在英国,人们经常把律师叫作 advocate。

美国面向同性恋者的知名严肃杂志名字就叫“The Advocate”，这个杂志特意选择坚决反对同性恋的教皇当封面人物。嗯,他们给教皇出了个难题。

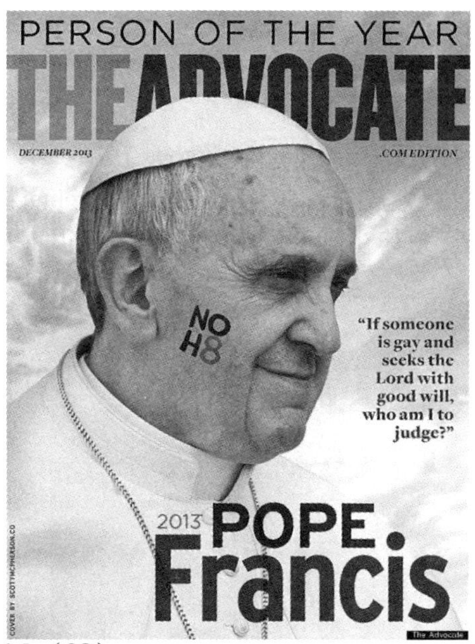

104. distinguish（38）

[dɪ'stɪŋgwɪʃ]（英文）to notice; to pick something out, as a person in a crowd; to see something as different; to *discrimination*; to *discern*

v. 区别，辨别；看清；受人注目

■ stingu-，（拉丁词根，表示"separate"）

与普通人分离开来，就是"受人注目"，就是"区别"（distinguish）。

相关单词：

distinguished *adj.* 卓越的；高贵的

indistinguishable *adj.* 不能分辨的；不易察觉的

105. superficial（37）

[sju:pə'fɪʃəl]（英文）only on the surface; shallow; unimportant

adj. 表面（上）的；肤浅的；表层的

还记得 superman 吗? super+man 就是超人,superficial = super+fi(a)cial, facial 就是表面的,super+facial 就是超级表面的,意思就是“肤浅的,表面上的”。

美剧《吸血鬼日记》中的 Caroline Forbes 在第一季中很是 superficial,妒忌 Elena,很在意一些表面上的东西。后来,Caroline 变成了吸血鬼,反而一改往日的矫情,尤其在第五季中变成了一个很善良,有爱心的好吸血鬼,不再 superficial 了。看来吸血鬼对人的性格还能起到升华和促进作用。

106. illusory (37)

[ɪ'ljuːsərɪ] (英文) seemingly real but not; deceptive; false; *inauthentic*

adj. 产生幻觉的,幻影的,错觉的

■ lus-,(拉丁词根,表示“play,sportive,” 嬉戏的,玩的,运动的)

illusory= il (反义前缀)+lus(play)+ory(后缀),表示不是真的玩耍,是幻觉,是错觉的。

下面就是一幅正常的图画,可是看得时间久了就会产生幻觉,你会发现它在绕着中轴转动。据说心理压力越大,就看见它转得越快。测试一下你自己,看看考 SAT 到底给了你多大的心理压力。

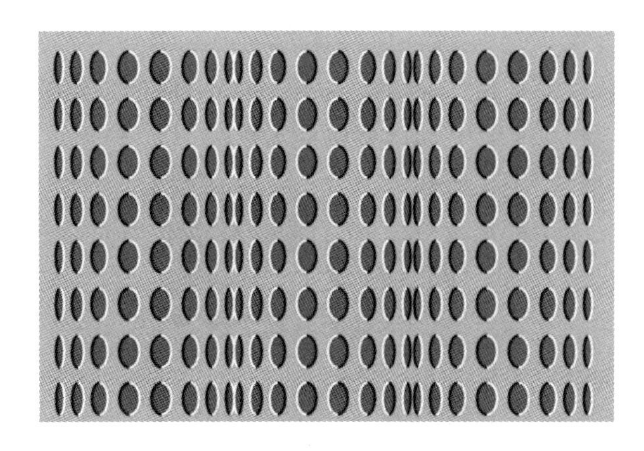

相关单词:

disillusion *v.* 使醒悟;使不再抱幻想 *n.* 幻灭;醒悟

illusive *adj.* 幻影的,错觉的,迷惑人的

107. apprehensive (36)

['æprɪ'hensɪv] (英文) having great doubts; nervous; fearful; *diffident*

adj. 忧虑的;担心的;疑惧的;恐惧的

■ prehens-,(拉丁词根,表示"seize",抓住的意思)

apprehend 的意思是 seize, physically 或者是 mentally。如果你 apprehend 一个小偷,就是你真正抓住了他。如果说你 apprehend 一个很难的物理概念,就是说你理解了,你"grasp" 这个概念 mentally。

那么从 apprehend 是怎么过渡到"apprehensive",从"抓住,理解"变成"忧虑的"呢? 如果 you are apprehensive about 一些将要发生的事情,你就会"grasp"所有的糟糕的可能性,焦急地等待着。这就是"apprehensive"。

相关单词:

apprehension *n.* 忧虑,恐惧;逮捕;理解

apprehend *v.* 逮捕;理解;担心

108. nostalgia（36）

[nəsˈtældʒɪə]（英文）fondness for and missing the past, especially one's own; missing the good old days

n. 乡愁;怀旧之情

■ nosto-, nost-（希腊词根,表示"return home"）

■ -algia(拉丁词根,表示"pain",痛苦的意思)

nostalgia = nost(回家) + algia(痛苦),想要回家,回不去,自然就很痛苦了,这种苦就是乡愁。只有长期在外的人,才能理解这种痛苦。

在美国,人们常说人生有两件事你无法逃脱,一个是死亡,另外一个是交税。但是越来越多的富人想尽各种办法"合理避税",巴菲特就说自己交的税比他的秘书还要少。下面这幅漫画就讽刺美国富人,财富杂志的封面人物,不用交税。交税已经成了一阵淡淡的乡愁,令人有点怀念。

"You're kidding. You still pay taxes?
It's a nostalgia thing? Right?"

相关单词：

nostalgic *adj.* 乡愁的，怀旧的，令人怀念的

109. benevolent（36）

[bɪ'nəvələnt]（英文）kind; generous; tending to help others; *solicious*

adj. 仁慈的；亲切的；慈善的

■ bene-（拉丁词根，表示"well"的意思）

A benefit 就是一个好的结果，如果一个东西 beneficial 就能带来好的结果。在法语中，"bon"就是问好的意思。

■ volen-（拉丁词根，表示"wish"的意思）

狄更斯的作品中就总有一个人在关键时刻救助他的主角，这个人就是 benevolent。benevolent 通常是用钱来帮助别人，但有时候"慈善的"行为也不一定非用金钱不可。

相关单词：

benevolence *n.* 仁慈；善行

110. sympathy（36）

［'sɪmpəθɪ］（英文）sharing feelings; showing concern for another; harmonious; *solicitude*

n. 同情，同情心 *adj.* 同情的；出于（或表示）同情的

■ sym-，（拉丁词根，表示"together with"在一起）

■ path-，（来源于希腊单词 pathos，意思是"feeling"或者"suffering"）

当你感到难过的时候，A sympathetic friend "feel with" you。这才是真正的 friend。

Even Bears do this!

相关单词：

sympathetic *adj.* 同情的；赞同的；招人喜爱的

sympathies *n.* 同情，同情心

unsympathetic *adj.* 不表同情的，无情的，不共鸣的

111. corrupt（36）

［kə'rʌpt］（英文）to ruin something, especially a person's morals; to make impure; to decay

adj. 不道德的；堕落的；*v.* 使（某人或某事物）堕落，腐化；贿赂（某人或某事物）

■ rupt-（拉丁词根，表示"break，tear"的意思）

■ cor-，（拉丁词根，表示"run"的意思）

corrupt＝cor（run）＋rupt（break），就是把人或者物 break，相对于人来说就是使之"腐化，堕落"。

收了黑钱，（corrupt）就等于和手铐紧密联系起来了！

相关单词:

corruption *n.* 腐败;堕落

incorruptible *adj.* 不腐败的,不能收买的,清廉的

112. polemical（35）

[pə'lemɪkəl]（英文）arguing a position, especially a radical one

adj. 争论的;好辩论的

pole 是磁极的意思,north pole 就是北极。处于两个极端的人,就容易发生下面这一幕。

相关单词:

polemics *n.* 辩论术;论证法

polemicist *n.* 善辩论者

113. belie（35）

[bɪ'laɪ]（英文）to contradict; to fail to confirm

v. 掩饰,与……不符

belie= be +lie(谎言),为了“掩饰”一些秘密,就必须编造一个又一个的谎言。

在电影饥饿游戏,Hunger Game 的第二季“Catching Fire”中 Katniss 和 Peeta 被迫又回到竞技场参加第 75 届 hunger game。这次他们是和以前各个地区的优胜者进行角逐。Wiress 疯疯癫癫,行为怪异,连一个完整句子都说不全的来自 3 区的女人,被称为“nuts”,但就是这个 nuts 帮助他们发现了竞技场设计的机关,从而使他们的同盟军活了下来。所以我们说 Nuts' unusual behavior **belies** an extraordinary intelligence and intuition.

114. mock (35)

[mɔk](英文) to ridicule; to make fun of, often as something fake; to *satirize*

v. 嘲笑;嘲弄;模仿 *adj.* 虚假的;不诚实的;模仿的

作为老师,最不喜欢的学生就是下面这种。

相关单词:

mockery *n.* 嘲笑,愚弄;可鄙的东西

115. compromise (35)

[ˈkɔmprəmaɪz](英文) to make insecure or to place in danger; to come to an agreement by settling differences; agreeing to something partially

v. 妥协;违背;危害

compromise=com (with)+promise(承诺),妥协就是相互承诺各自让一步,你拿出自己的心,别人也拿出诚意来,就是相互妥协。

相关单词:

uncompromising *adj.* 不妥协的,坚定的

116. disdain (34)

[dɪsˈdeɪn] (英文) considering someone or something beneath oneself; to have contempt for; to *despise*; *condescension*

n. v. 鄙视

■ dain-,(拉丁词根,表示"值得尊敬,尊敬"的意思)

disdain=dis(反义前缀)+dain(尊敬),尊敬的反义词就是"不值得尊敬的,鄙视"。看看下面这皱起的眉毛,绝对被"小羊"同胞鄙视了。

117. presumption (34)

[prɪˈzʌmpʃən] (英文) a bold assumption; being overly bold with someone to the point of disrespect

n. 假设,推测;推定;放肆

■ pre-(常见的前缀,表示"before",在……之前)

■ sump-,(拉丁词根,表示"to take, to buy, to select, to use, to consume") presumption 表示在“拿,买,选择,用”之前就进行“假设,推测”。

西方国家普遍采用的就是无罪推定(presumption of innocence)的判案原则,是指任何人在未经依法判决有罪之前,应视其无罪。最著名的案件就是1994年前美式橄榄球运动员辛普森(O. J. Simpson)杀妻一案,是当时美国最轰动的事件之一。尽管在案发现场多处发现辛普森的血迹,但由于证据不足,辛普森(O. J. Simpson)在用刀杀前妻及餐馆的侍生郎·高曼两项一级谋杀罪的指控中以无罪获释,仅被民事判定为对两人的死亡负有责任。本案也成为美国历史上无罪推定的最大案件。

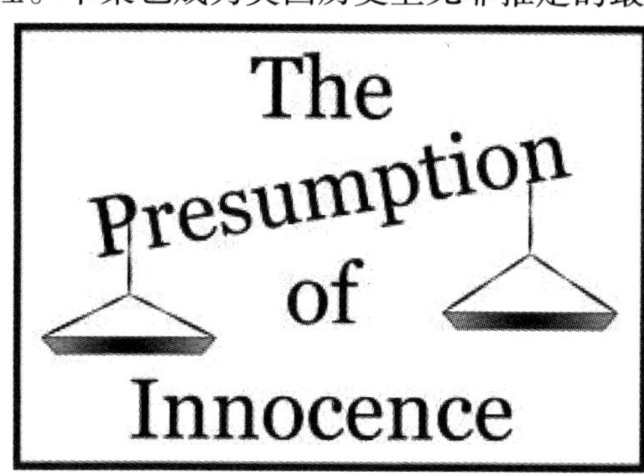

相关单词:

presume *v.* 以为,假定;设想;推测;放肆,自作主张

presuming *adj.* 爱管闲事的,无耻的,冒昧的

presumptuous *adj.* 专横的,放肆的,冒昧的

118. caustic (34)

[ˈkɔːstɪk](英文) burning, *sarcastic*

n. 腐蚀剂 *adj.* 腐蚀性的,刻薄的

■ caust-(希腊词根,表示“fire, burn”,意思是“着火,烧伤”)

caustic 在化学词汇中表示“腐蚀性的”,在生活中表示对人“刻薄的”,说话“伤人的”就可以用 caustic。小品中的蔡明被誉为“毒蛇女王”,翻译成英文就是“caustic”。

美国著名的选秀节目“American Idol”中有一个评委,叫 Simon Cowell 就是以评语犀利,不留情面而著名。比如他对某一位选手说“作为救生员,如果你的水平和你的歌唱水平一样,那么一定有很多人会被淹死了。”多么恶毒的评价呀!下面就是这位“毒嘴”评委:

119. deferential（34）

[defə'renʃəl]（英文）respectful; *reverent*; *venerating*

adj. 恭敬的

■ -fer,（拉丁词根,表示“to bear, to carry”）

威廉王子的妻子 Kate Middleton 在嫁给王子之前是平民,所以要对整个王室成员表现出适当的 deferene（恭敬）。当然在生下小王子以后。kate 的地位应该是大大地提升了。

相关单词:

defer *v.*（使）推迟;服从

deferred *adj.* 延期的

deferral *n.* 迁延;延期;展缓;定存

120. subjective（34）

[sʌb'dʒektɪv]（英文）open to interpretation; reflecting someone's perspective; biased; not *objective* *adj.* 主观的,个人的

这个单词与 objective 对比来进行记忆,objective 作为名词是目标的意思,作为形容词是 subjective 的反义词,表示“客观的”。

subject 是“主题,学科,主语”的意思。

在这里树是客观存在的,objective,每个人看到树以后想到的东西都不一样,就是 subjective。

121. capricious（34）

［kə'prɪʃəs］（英文）unpredictable； whimsical；to act with complete *spontaneity*； *impulsive*； *impetuous*； acting without *restraint*

adj. 变化无常的；变幻莫测的；多变的

■ capri-（拉丁词根，表示“goat，山羊”的意思）

山羊表面看起来很温顺，可是如果给你突然来个“温柔一角（山羊角）”，也受不了。所以 capricious 用来形容这种“变化无常的”性格。

相关单词：

caprice *n.*（态度或行为的）无缘无故突变，反复无常；任性；反复无常；善变

122. animated（34）

［'ænɪmeɪtɪd］（英文）lively； vigorous

adj. 活生生的；活泼的；愉快的；动画（片）的

animated 这个单词是从 animal 演化而来的，动物就是相对于植物而言的，是“活生生的”，是“活泼的；愉快的”，动画（片）的这个意思也是来

源于“活动的”。

相关单词：

animation *n.* 生气，活泼，热烈；动画片；动画绘制

123. endorse（**34**）

［ɪn′dɔːs］（英文）to support；to approve；to champion；to authorize；to *advocate*；to *commend*

v. 背书；签字；批注公文；赞同；（商品等）代言

■ dors-（拉丁词根，表示“on the back”，在后面，背面）

在美国，人们经常用个人支票支付账单，接收人在存入银行时，在支票背面签上名字。如果你要把支票转给别人，你也在支票的背面签署名字，所以该词就可以引申为“赞同”。如果明星在某产品上背书，就表示他们赞同该产品，为其代言。

下面是一张支票的正面和反面。

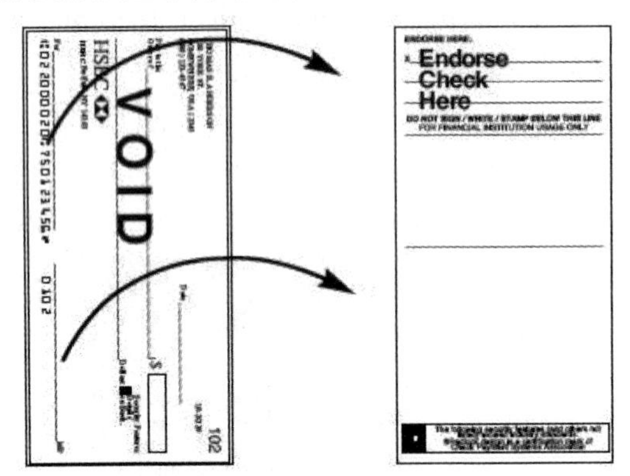

相关单词：

endorsement *n.* （公开的）赞同，支持，认可；背书签名

124. auspicious（**34**）

［ə′ːspɪʃəs］（英文）promising；favorable

adj. 吉利的

罗马时代，auspicium 是指能靠观察鸟类的飞行来占卜未来的人。所以 auspicious 是指吉利的，而 inauspicious 是不吉利的意思。

印度国王 Shah Jahan 为了和 Mumtaz Mahal 结婚，足足等了 5 年，直到所有的星相都显示出吉兆的那一天。在这 5 年内，他们不能见面。也许真的是这些吉兆给他们带来了好运，Shah 和 Mumtaz 在一起恩爱地生

活了整整 19 年,直到 Mumtaz 在生第 14 个孩子时死亡。Shah 为了纪念他的妻子,建造了世界上最美的建筑,Taj Mahal。

相关单词:

inauspicious *adj.* 预示前景黯淡的;不祥的;不吉利的

125. exacerbate (33)

[eks'æsəbeɪt] (英文) to make a bad situation worse; worsen

v. 使恶化:使加重;使加剧;激怒

■ acer-,acr 是拉丁词根,意思是"sharp, sour"

用来形容水果的酸味,就是 sour,也可以用来形容人的尖酸刻薄。

exacerbate =ex (加强) +acer(酸,尖) +bate, 让酸的东西腐蚀得更厉害,让尖锐的变得更尖,这就是 exacerate,恶化的意思。

The loss of a major industry in a city may **exacerbate** its already serious unemployment problem.

A new drug can **exacerbate** the side effects of the drug a patient is already taking.

雪上加霜,就是这种感觉!

126. obscure（33）

［əb′skjuə］（英文）not easily noticed; dark or shadowy; unclear; vague

adj. 黑暗的；模糊的 *v.* 使变暗；难以理解

据说蒙娜丽莎这幅画之所以有名，是因为它有很多隐藏的秘密。比如说这个隐藏的人脸就很 obscure，引起人们无数的遐想和争论。

相关单词：

obscurity *n.* 朦胧，晦涩；默默无闻

127. dogmatic（33）

［dəg′mætɪk］（英文）stubbornly opinionated; arrogantly inflexible; close-minded; *intractable*

adj. 教条的，独断的

为了更好地记住 dogmatic 这个单词，让我们先来看看 dogma 这个单词。

dogma['dɔgmə] 是名词,教条、信条的意思, dogma = dog 的妈妈(ma), 通常比小 dog 要教条。

看看下图,dog 的妈妈被宗教的枷锁紧紧地锁住,牌子上赫然写着, not " beware of dog", but "beware of dogma"。

相关单词:

dogma *n.* 教条,信条

dogmatism *n.* 独断,独断主义,独断论,教条主义

128. extravagant (33)

[ɪk'strævəgənt] (英文) fancy; luxurious; *immoderate*

adj. 奢侈的;过分的;放肆的

extra 是额外的意思,是 extraordinary 的缩写,意思是"beyond the ordinary", 而 extravagant 是指 goes way beyond the normal。

extravagant = extra +vogue(时尚), 还记得 Vogue 杂志吗? vogue 是时尚的意思,extravagant 就是超越时尚,表示"过分的,奢侈的"。

下面这款汽车就号称是世界上最豪华,最奢侈,extravagant 的汽车,它就是 Bugatti Veyron EB16.4。它的售价高达 240 万美元。

The Bugatti Veyron EB16. 4 is the world ' s most powerful and extravagant car. The Veyron' s 1,200 horsepower engine can accelerate from 0 to 60 mph in just 2.4 seconds and 0 to 100 mph in 5.0 seconds. The open-top Grand Sport Vitesse is the fastest street-legal production car in the world. Of course, the Veyron also consumes an extravagant amount of fuel, getting just under 6 mpg in city driving. At full throttle, the Veyron would empty its 26 gallon fuel tank in just 12 minutes. How much does this extravagant car cost? It can be yours for $ 2,400,000!

129. venerate（33）

['venəreɪt]（英文） to honor above others; to *revere*

v. 尊敬，崇敬，崇拜

Venus 是罗马的爱神。

■ vener-（拉丁词根，表示"love, beauty, attractiveness"）

因此 venerate 就是"尊敬，崇拜"的意思。

相关单词：

venerable *adj.* 令人崇敬的；庄严的

130. gregarious（33）

[grɪ'geərɪəs]（英文）friendly; outgoing; *genial*

adj. 交际的；合群的，群居的

greg 来源于拉丁单词 grex，用来形容蜜蜂、羊群，任何一种喜欢群居的动物，所以 gregarious 就是群居的意思，也可以用来形容这样一种人，就是他们在人群中的时候最自在、最高兴，最能发挥出自己的魅力。

131. attain（33）

［ə'teɪn］（英文）to achieve, especially a goal; to get

v. 获得；到达；实现

■ tain-，（拉丁词根，表示"to hold, to keep"是保持，容纳的意思）

contain=con(with)+tain(hold)，就是包含的意思。

attain=at(反义前缀)+tain(to keep)，不是保持不变(keep)，而是"到达新的目的地，实现新的突破"。

132. elude（33）

［ɪː'lud］（英文）to avoid being found or caught, usually by being clever

v. 躲避；错过，未获得；使……迷惑，抓不到

■ lud-（拉丁词根，意思是"play, make sport of"玩要的意思）

■ e-（作为希腊前缀，有"away from, outside"的意思）

elude 就是 away from playing，从而"错过"了机会，或者"躲避"了

“make sport”。

在美剧《吸血鬼日记》中，Katherine Pierce eluded 初代吸血鬼 Klaus for 500 years。在第五季中，Katherine 又躲进 Elena 的 body 里，几乎又躲过了死神。有一首歌唱出了这种状况，叫作“Katherine Pierce eludes death, yet again”。

相关单词：

elusive *adj.* 难找的，难以解释的，难以达到的

133. tenacious（33）

[tɪˈneɪʃəs]（英文）persistent, especially in the face of continuing challenges; stubborn; *resolute*; rarely if ever *resigned*

adj. 紧粘不放的，固执的，紧握的，不屈不挠的

■ ten-，和 tain-一样，（拉丁词根，表示“hold，grasp”的）

■ -acious，（形容词后缀）

tenacious = ten(hold) + acious，紧紧抓住，hold 住

“你想要的，也是我想要的！”两只 tenacious dogs！Let it go。

相关单词:

tenacity *n.* 坚持不懈;坚韧不拔

pertinacious *adj.* 执拗的,顽固的,顽强的

134. mediate(**33**)

[ˈmiːdɪeɪt](英文)to try to help two arguing sides reach an agreement; to reconcile parties

v. 斡旋,调停;调节,影响

■ medi-(拉丁词根,表示"middle")

mediate 就是站在中间,目的就是做"调停"。

相关单词:

mediator *n.* 调停者,调节者,斡旋者;传播者,传递者;媒介,中介物,介质

mediation *n.* 调停,调解,仲裁

135. meticulous(**32**)

[mɪˈtɪkjʊləs](英文)careful; thorough; *painstaking*; *scrupulous*; *exacting adj.* 一丝不苟的，谨小慎微的

meticulous =met(er)(米)+(ca)cul(ate)+ous(后缀)，就是一米一米地计算，显示了人的一丝不苟和谨小慎微。

原来草坪也可以这样剪！meticulous！

136. negligible（**32**）

[ˈneglɪdʒəbl]（英文）extremely small；so unimportant that it can be ignored；*inconsequential*；*trivial*

adj. 可忽略的，无足轻重的，微不足道的

■ neg-，（拉丁前缀，表示“denial，refusal”，拒绝，否认的意思，拉丁动词 negare 表示“to say no”）

■ -lig-，（拉丁词根，意思是“to read，to pick up”）

negligible=neg(否定)+lig(read，pick up)+ble(able)，意思就是太小，或者太“微不足道”，不值得去 read，或者 pick up。

从这个比例看，地球真的是 negligible！How about us？The human being？Too small to be seen.

137. equanimity（32）

[ˈɪːkwəːnɪmɪtɪ；ˈəkwəːnɪmɪtɪ]（英文）calm；*composure*，especially under difficult circumstances

n. 平静,镇定

■ equ-,（来源于拉丁单词 aequus，意思是“equal”）

equalize 意思是 make thing equal。

equivalent 是指“相等的,相当的”的意思,an equilateral 三角形是说他们的三个边的长度都是 equal 的。

an equation 是一个 statement 表示两个算式是相等的,比如 2+3=5。

■ anim-,（拉丁词根,表示“soul，mind”,意思是心境或是情绪）

equanimity 就是在别人都 freak out（抓狂）的时候,你的心境、情绪（soul，mind）还能保持和以前一样（equal），很“平静,镇定”。如果你看见你家窗口出现了游泳的鱼,还能悠闲地看报纸,说明你真的很“镇定”!

138. mitigate（32）

[ˈmɪtəːgeɪt]（英文）to lessen the severity or force of something especially of something bad or harmful; to *moderate*; to *alleviate*

v. 减轻

mitigate = miti（mitt，棒球手套）+gate，我们可以编这样一个故事，有一个小女孩着急要去打棒球，早早穿戴整齐，带着棒球手套在门口等哥哥和她一起去玩。突然一阵风刮来，门夹住了手，幸亏带着 mitt（棒球手套），“减轻”了被 gate（门）夹住的后果。

139. transitory（32）

[ˈtrænsɪtərɪ]（英文）of short duration; brief; *ephemeral*; *transient*; *mutable*

adj. 暂时的，短暂的，昙花一现的

■ trans-，tran-（拉丁词根，表示“across，through” something）

translation 是把作者的意思从一种语言 through to 另外一种语言。

电视信号是 transmitted（传输）through 空气或者是 cable 到达你家电视的。

乘坐 public transportation，就是从一个地方 through to 另外一个地方。

美轮美奂的海边闪电美景，可惜这种奇幻般的景色稍纵即逝（transient）。

140. immutable（32）

［ɪ'mjuːtəbl］（英文）unchanging；not able to change；everlasting

adj. 不可改变的;永恒不变的

■ mut-（拉丁词根,表示“change”,变化）

mutable = changeable,在加上反义前缀 im,就是“不可改变的,永恒不变的”。

在计算机编程语言中,an immutable object 是一旦生成,就不能改变的。

在现在这个多变的世界上,The only immutable thing is everything is mutable in the world。

相关单词：

mutable *adj.* 可变的，易变的，反复无常的

141. evoke（32）

[ɪ'vəuk]（英文）to inspire; to arouse; to bring forth

v. 引起，唤起；产生，激起

■ voc-, vok-,（拉丁词根，表示“call”的意思）

evoke = to call forth, especially from the past，就是唤起，引起的意思。

在美剧《绝命毒师》中，Jesse Pinkman 的女朋友死了，他非常难过，丧失了生活下去的勇气。Walter 用了很多办法来 evoke 他对生活的信心，让他能够坚强地站起来。当然 Walter 也是有自己的原因的。

相关单词：

evocative *adj.* 引起记忆的；唤起感情的

142. cursory（32）

['kə:sərɪ]（英文）hurried and *superficial*; quick; *perfunctory*; not *meticulous*

adj. 粗略的，草率的，仓促的

■ curs-（拉丁词根，表示“to run”）

比如 current 是指 running water（流水）in a river or stream，或者是电子在电线中 running。

cursory 是指 running fast（速度快），但是缺乏 attention。cursory observations 通常比较肤浅，因为他们流于表面，速度太快。

143. rancor（32）

[ˈræŋkə]（英文）extremely bad feeings about something; bitterness

n. 敌意，深仇

电影 The Social Network 讲的是 facebook 的创始人 Mark Zuckerberg 的故事。和一般的传记故事不同的是，这部电影不是讲主人公多么牛，而是揭露了 Zuckerberg 偷窃了 Winkevoss 双胞胎兄弟俩和 Divya Narendra 的关于在哈佛校园建立社交网络的 idea。

Can you image the **rancor** that the Winklevoss brothers and Narendra 看到自己的 idea 被成功复制而跟自己没有半毛钱关系吗？于是他们提出了诉讼赔偿。

相关单词：

rancorous *adj.* 深恨的，怀恶意的

144. authentic（32）

[əˈθəntɪk]（英文）genuine; true; real; *valid*

adj. 真实的，真正的；可信的；可靠的

有一个单词叫作“authority”，权威，这两个单词可以连在一起记，真实的东西才具有权威性。authentic life 是下面这样的生活。

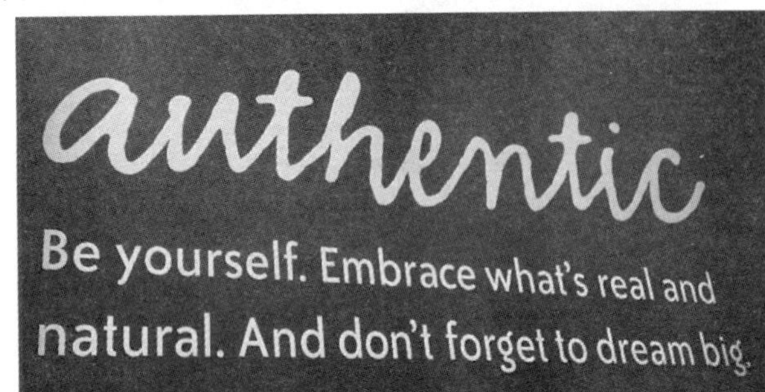

相关单词：

authenticity *n.* 可靠性，真实性

inauthentic *adj.* 不真实的，假的，不可靠的

145. reserved（32）

[rɪ'zə:vd]（英文）generally quiet and reserved in behavior; *modest*

adj. 缄默的；矜持的；保留的；预订的

■ serve-，（拉丁词根，表示“to watch, to keep safe, to protect”）

■ re-，（拉丁前缀，表示“repeated”，反复的）

reserved 就是不断的 watch，不断的 check 是不是 safe，不断的 protect，那么就是“缄默的；矜持的；保留的”。

相关单词：

reservation *n.* 保留；预订，预约；保留地，专用地

unreserved *adj.* 不客气的，不隐瞒的，坦白的

146. intuitive（31）

[ɪn'tjuːɪtɪv]（英文）knowing by instinct as opposed to rational thought; what you would expect without having to give much thought to the matter

adj. 直觉的，直观的

■ tut-/tui-，拉丁词根，表示"to look after, to watch"，在英语中，这个词根通常有"guide，teach"的意思，表示"指引，传授"。

比如 tutor，就是 a private teacher guide 学生 through a subject。

tuition 就是 the cost of the teaching。

intuitive = in(inside) + tui(guide) + tive，就是自己内心(inside)指导(guide)，不是靠学习来的，所以就是直觉。女人自认为直觉都比较准确。而男人大多不相信直觉，认为判断应该依靠理性的分析，但是艺术家们通常都比较依赖直觉。

相关单词：

intuit *v.* 由直觉知道

intuition *n.* 直觉，凭直觉感知的知识

counterintuitive *adj.* 违反直觉的

147. satirize（31）

['sætəraiz]（英文）to imitate so as to make fun of; to *mock*, especially in writing

vt. 讽刺，挖苦，对……写讽刺文章

动画片"South Park"以挖苦，讽刺各界人士而著名。它讽刺的对象包括政府、宗教，还有著名的演员，比如 Tom Cruise。该剧的作者 Trey

Parker 和 Matt Stone 自称为“equal opportunity offenders”,就是谁他都敢招惹。No subject is sacred(神圣的) enough to escape being SATIRIZED on the irreverent comedy.

相关单词:

satire *n.* 讽刺;讽刺作品

satiric *adj.* 讽刺的,挖苦的

148. devoid (31)

[dɪ'vɒɪd](英文) lacking; free from; empty

adj. 完全没有的,缺乏的

void *n.* 空间;空白;空隙 *adj.* 没有的,缺乏的;无效的

在北美生活,学开车考驾照是必须的。考驾照的时候,为了证实你是当地居民,车管局会要求你开一张支票,这张支票要写上“Void”,表示无效的,仅仅是为了证实你的地址而开出的。

Devoid= de(completely) +void(empty), 完全空白的,就是“完全没有的,缺乏的”。

149. concise（31）

[kən'saɪs]（英文）expressing a lot using few words; short and clear; to the point; *terse*

adj. 简明的，简洁的

■ -cise，(拉丁词根，表示"cut"的意思)

concise = con(with) + cise(cut)，具有剪裁(cut)，修剪过的痕迹，那就是"简明的，简洁的"。

相关单词：

concision *n.* 切断，分离，简洁

conciseness *n.* 简明；简洁

150. erroneous（31）

[ɪ'rəunɪəs]（英文）wrong; mistaken; incorrect

adj. 错误的

这个单词很好记，error 是错误的名词，erroneous 就是 error 变 r 为 n，加 eous，从而将 error 这个名词变为形容词。

相关单词：

err *v.* 做错，犯错误

151. collaborate（31）

[kə'læbəreɪt]（英文）to work together with someone as equals on a projet; as with a *colleague*

v. 合作，协作

■ labor-，laborat-，(拉丁词根，表示"work"的意思)

labor 本身也是一个单词，是"劳动，劳工"的意思。

■ col-(com 的变形，意思是"together")

collaborate = col(together) + laborate(work)，就是 work together 的意思。

相关单词：

collaboration *n.* 合作;通敌;合著

collaborator *n.* 合作者;通敌者

152. thwart（31）

[θwɔːt]（英文）to block or impede someone's plan, often for a long time or permanently

v. 阻止;阻挠;对……构成阻力

这个单词,我们可以这样来记:a thing（一个东西,一个建筑）刚建造了一半,建好了 th 部分,这时候发生了战争 war,战争毁掉了刚刚建好的 th,只剩下了 t。这样就阻止、阻挠了这个工程的进度。

153. spontaneous（30）

[spən'teɪnɪəs]（英文）happening without being planned; making decisions suddenly and without thought; happening naturally, or without human effort; *impulsive*; not *restrained*; *capricious*

adj. 自发的;非出于强制的;无意识的,不由自主的

■ spon-,（拉丁词根,意思是"bind oneself", 结合内心的,本心的）

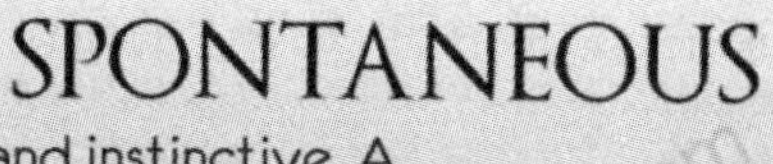

相关单词：

spontaneity *n.* 自然发生，自生，自发

154. implement（30）

[ˈɪmplɪmənt; ˈɪmpliːmənt]（英文）to put into practice; to begin to use something

n. 工具；器具；手段 *v.* 实施，执行；把……填满；实现

■ ple-，(拉丁词根，意思是“fill”)

■ im-，(拉丁前缀，表示“include, toward”的意思)

implement = im(toward) + ple(fill) + ment(后缀)，表示向着(toward)填满(fill)的方向前进，就是“实施，执行”。

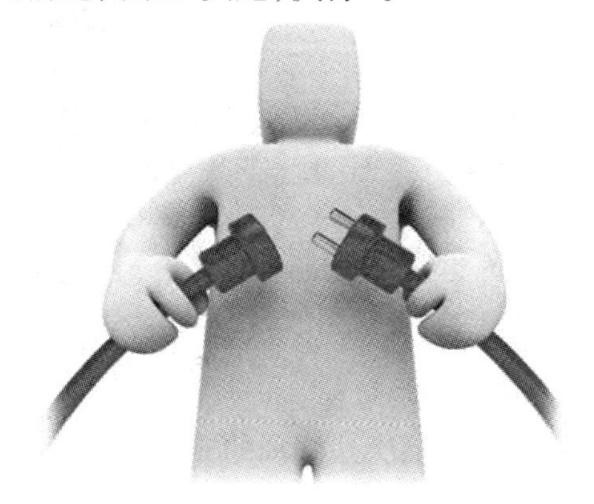

相关单词：

implementation *n.* 实行，履行；实现

155. underscore（30）

[ʌndəˈskɔː]（英文）to *emphasize*; as if by drawing a line under; to highlight

v. 强调；在……下面画线

score 我们都知道是分数的意思，是学生的命根子，可能大家不知道 score 还有“刻画”的意思。

underscore＝ under（下面）+score（刻画），意思就是在下面画线，既然都画了线了，当然就是重点强调了。

156. explicate（30）

［ˈekspləkeɪt］（英文）to explain or analyze logically; to clear up any misunderstanding; to make explicit; to *elucidate*

v. 解释，说明

■ plic-（拉丁词根，意思是“fold”折叠）

explicate＝ex（outward）+plic（fold）+ate，把里面的内容都向外（outward）折叠（fold），意思就是“解释，说明”。

斑点狗的孩子长出了猫脸，妈妈要把内幕翻出来，好好解释一下了！

相关单词：

explication *n.* 解说，说明，解释

inexplicable *adj.* 费解的；无法解释的

157. exasperate（30）

［ɪgˈzæspəreɪt］（英文）to annoy someone to the point of frustration

v. 使恼怒；激怒；使加剧　*adj.* 被激怒的

■ asper-（拉丁词根，是“rough”粗暴的意思）

exasperate＝ex（outside）+asper（粗暴）+ate，就是外面（outside）表现出来的很粗暴（rough），因为某人被“激怒”了。

158. momentous（30）

［məu'mentəs］（英文）extremely important；major；*unprecedented*

adj. 重大的，重要的；有影响的

这个单词来源于moment，moment的最常见的意思是"片刻，瞬间"，还有一个意思是"重要时刻"。

在第五季的《吸血鬼日记》中，Katherine从500年的吸血鬼变成了正常人，但是她却在不可避免地老化。这时候她的女儿Nadia找到了她，希望能够和她在一起，Katherine不愿意和她走。Nadia说"I thought we had a moment."这里的moment指的是一些good/unforgettable的时光。

159. pertinent（30）

［'pə：tɪnənt］（英文）important；*relevant*

adj. 中肯的；切题的；相关的

■ per-（拉丁词根，表示"through"自始至终）

■ tin-（拉丁词根，我们已经见过不只一次了，是"hold，grasp"抓住的意思）

pertinent = per（through）+tin（grasp）+ent，描述的是始终保持紧密联系，就是"切题的，相关的"。

在美剧《生活大爆炸》的第三季中，Sheldon 他们四个书呆子在漫画书店中讨论狼獾的问题。Howard 认为 Sheldon 错了，于是 Sheldon 就问了下面这个 pertinent 的问题。

相关单词：

impertinent *adj.* 无礼的，莽撞的

160. conspicuous（29）

[kən'spɪkjuəs]（英文）obvious; easily seen; in plain sight; extremely noticeable; easily *distinguished* or *discerned*; *prominent*; not *subtle*

adj. 显眼的，易见的；明显的；惹人注意的

■ spic-，（拉丁词根，表示“look”看的意思）

conspicuous = con (together) + spicu (look) + ous，就是所有人都一起（together）看（look），那一定是“很明显，引人注意的”。

不想引起别人的侧目，就只好向这个企鹅学习了！

相关单词：

inconspicuous *adj.* 不引人注目的，不太显眼的；不显著的

161. amiable（29）

[ˈeɪmjɪəbl]（英文）friendly；nice；*genial*；*gregarious*；*amicable*

adj. 亲切的，和蔼可亲的

我们通常认为爱神是 Cupid，其实她还有另一名字叫 Amor。想起《吸血鬼日记》中 Silas 的 2,000 年的不老情人叫 Amara，这些单词里面都有一个词根，就是 am。所以 am-，ami-是拉丁词根，表示“love”。在西班牙语中 amigo 就是朋友的意思。

amiable = ami(love) + able，就是能够(able)去爱(love)。

162. widespread（29）

[ˈwaɪdˈsprəd]（英文）widely spread out or shared；commonly held；*pervasive*；*abundant*

adj. 普遍的；广泛的

widespread = wide(宽的，广泛的) + spread(传播，扩散)，广泛的传播

和扩散的东西，就是"普通的，广泛的"。

美国人的身材只能用宽板(broadband)来形容了！

163. pervasive (29)

[pə' veɪsɪv] (英文) appearing or being everywhere; *widespread*; *abundant*; *prevalent*

adj 普遍的；渗透的，弥漫的

■ per-(拉丁前缀，意思是"through, throughout", 始终的)

perforate 打孔，就是 having a hole cut **through**

perennial 常年的，就是 **throughout** the years

permanent 永久的，就是 remaining **throughout**.

■ vad-, vas-,(拉丁词根，表示"to go, to walk")

pervasive=per(through)+vas(go)+ive, 表示 spread (go) through all parts of something。

pervasive 可以用来形容实际存在的事物，意思就是"渗透"。

Example: Most scientists believe that outer space is pervasive with mysterious "dark matter".

pervasive 也可以用来形容一些无法用仪器测量的东西，意思就是"弥漫的"。

Example: Persive optimism sometimes causes the stock market to soar.

手机信号弥漫在人们生活的空间中，good or bad?

相关单词:

pervade *v.* 弥漫,遍及,渗透

164. prophetic (29)

[prə'fetɪk] (英文) foretelling events; predicting or anticipating the future

adj. 预言的,预料的,预见的,预示的

■ -phe,(希腊词根,表示"speak")

■ pro-(希腊前缀,表示"before")

prophetic 就是在事情明朗之前(pro)说(speak),那就是"预言的,预料的"。

Susan Miller 是美国著名的占星学家,她也有很多中国的粉丝呢。她的占星学预言(prophetic)很准的呦! 不信,你也可以看看。

相关单词:

prophet *n*. 先知,预言家

prophesy *v*. 预告;预言

165. cynical(**29**)

[ˈsɪnɪkəl](英文) looking at the bad side of people's actions; lacking faith in humanity; lacking any *optimism*

adj. 愤世嫉俗的;怀疑的

cynical 来源于单词 cynic, cynic 是犬儒学派的人。Cynicism 是犬儒学派,是古希腊的一个哲学学派,由苏格拉底的学生安提西尼创立。

■ cyn-,(希腊词根,表示"dog, like a dog")

犬儒学派的由来有两种解释,一种说法是该学派创始人安提西尼曾经在一个称为"快犬"(Cynosarges)的运动场演讲,所以被称为犬儒学派。还有一种说法是该学派的人生活俭朴,像狗一样地存在,被当时其他学派的人称为"犬"。到现代,"犬儒主义"这一词在西方则带有贬义,意指对人类真诚的不信任,对他人的痛苦无动于衷的态度和行为。所以 cynical 的意思就是"愤世嫉俗的;怀疑的"。

眼睛一个大一个小,眉毛一个高一个低,看来就是"愤世嫉俗的"。

相关单词:

cynic *n*. 愤世嫉俗者;犬儒学派的人

cynicism *n.* 讥笑,讥讽的言词；愤世嫉俗,悲观,怀疑,绝望

166. tenuous（29）

［'tenjuəs］（英文）thin；*insubstantial*；unable to support anything else

a. 稀薄的,微细的,纤细的,脆弱的

■ ten-，tenu-（来源于拉丁单词"tenuis"，意思是"thin"稀薄的）

extend 就是拉伸一个东西,他就变得"thin"

pretend 就是一旦你使劲拉伸一个东西,它的形状发生改变,看起来就变成了另外一种东西,"假装"成另外一种物质。

tenuous= tenu(thin)+ous，就是细的,稀薄的,脆弱的

这种支撑实在是 tenuous 了,你敢当那个顶上的小人吗?

相关单词:

attenuate *v.* 使变稀薄,使变细,使减弱

167. innate（29）

［ɪ'neɪt］（英文）inborn；inherited；naturally belonging；*inherent*

adj. 先天的;固有的;与生俱来的

■ nat-,(拉丁词根,表示"born"天生的)

innate=in(inside)+nat(born)，就是内部固有的,天生就有的

人们常说智商是先天的与生俱来的。

168. explicit（29）

［ɪks′plɪsɪt］（英文）clearly stated; in plain view; clear; *lucid*; *unambiguous*; *conspicuous*

adj. 详尽的；清楚的；明确的；直率的；不含糊的

■ plic-（拉丁词根，表示"fold"折叠的意思）

explicit = ex（outward 向外）+plic（fold，折叠）+it，就是把它（it）向外（outward）+翻开（fold），那么内部的情况就很"详尽的；清楚的；明确的；直率的；不含糊的"显示出来了。

还记得另外一个单词 explicate 吗？similar meaning

有的时候，人们说话是 explicit，有时候却很含蓄。要想当一个好的 listener，就要这两种话都能听明白。

相关单词：

implicit *adj.* 含蓄的；固有的；绝对的

169. distort（29）

［dɪ′stɔːt］（英文）to twist something out of shape; to misrepresent; to give a false or misleading impression

v.（使）变形，扭曲，失真；曲解

■ tor-，tort-，（拉丁词根，表示“twist”，拧，扭的意思）

distort =dis（away 离开）+tort（twist 拧），意思就是 to twist away from，（使）变形，扭曲，失真；曲解

下面这个建筑可够扭曲的。

170. acclaim（28）

[ə'kleɪm]（英文）high praise；fame；*renown*

n. v. 欢呼，喝彩；称赞

■ claim-，clam-，（拉丁词根，表示“shout，to cry out”叫喊，大叫）

acclaim=ac（toward 朝向）+ claim（shout），朝……大声叫喊，意思就是“欢呼，喝彩；称赞”

相关单词：

acclamation *n.* 喝彩；欢呼；欢迎

171. moderate（28）

['mɒdərɪt]（英文）not extreme；reasonable；*tempered*

adj. 稳健的，温和的；有节制的 *v.*（使）缓和，减弱；

■ mod-,(拉丁词根,表示“suitable,limit”合适的,有限制的)

moderate=mod(suitable)+e+rate(速率),意思就是用合适的,有节制的速率来做事,就是“温和的,有节制的”。

看来计划生育和动物保护都来不得半点虚假!

172. legitimate(28)

[lɪ'dʒɪtɪmɪt; lɪ'dʒɪtɪmeɪt](英文)justified by some rule or law; legal; real; true

adj. 合法的;正当的;合理的;嫡出的 *v.* 使合法

■ leg-, lex-,(拉丁词根,表示“legal”法律的意思)

Legitimate=legi(legal)+ti(to)+mate(使……一致),意思是让某事与法律(legal)保持一致(mate),就是“合法的;正当的;合理的;”。

很多时候,战争打着宗教的牌子,以使自己合法化。

相关单词：

illegitimate *adj.* 不合理的，不符合习惯的

legitimacy *n.* 合法；合理性

173. patronize（28）

[ˈpætrəːnaɪz]（英文）to be a customer, to treat rudely, *condescendingly*, or *contemptuously*

v. 资助；光顾；屈尊俯就地对待

■ patro-（拉丁词根，表示"father"的意思）

patron 就是指一个像父亲一样的人，给予精神上和物质上的帮助，就是赞助人，保护人，也可以是顾客的意思。

patronize 就是 patron 的动词形式，表示"资助；光顾"。

174. exacting（28）

[ɪgˈzæktɪŋ]（英文）demanding; insisting on; *meticulous*

adj. 费劲的；需细致小心的；严格的，苛求的

我们都知道 exact 是精确的意思，加上 ing，就是要求严格的，需要细致小心的意思。

出土兵马俑文物，那可一定是要非常细致，小心的。

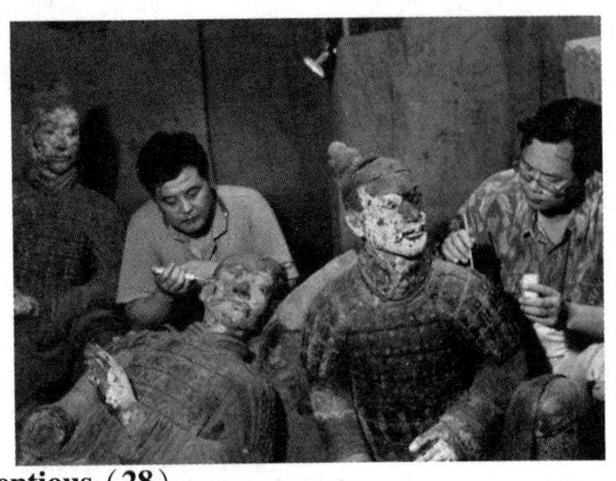

175. contentious（28）

[kən'tenʃəs]（英文）to fight；to deal with difficulty；to argue a point

adj. 引起争议的；爱争论的

■ tent-，(拉丁词根，表示“strive，tension”奋力，紧张的意思)

contentious＝ con(with)+tent(tension)+ious，争论的现场当然就是具有(with)紧张的(tention)气氛。

美国总统选举靠的就是好口才。希拉里是很爱争论的，口才也不错，但是她碰上的是演讲水平超超强的奥巴马，所以只能败下阵来。

相关单词：

contention *n.* 争吵，争论；论点，主张

contend *v.* 奋斗；抗争；争夺，竞争

contender *n.* 争夺者；竞争者

176. conscientious（28）

[kənʃɪ'enʃəs]（英文）careful；*diligent*；*prudent*；*scrupulous*；*meticulous*

adj. 有责任心的；正直的；谨慎的，尽职的

■ sci-，scient-，(拉丁词根，意思是“to know，to knowledge”知道，知识)

conscientious＝con(wholly，with，具有，完全)＋scient(know)＋ious，完全知道自己的责任，就是有“责任心的”，完全知道什么是对什么是错，就是“正直的”，完全知道自己的职责所在，就是“尽职的”。

家庭主妇很尽责(conscientious)，为了省钱，总是把报纸上的优惠券剪下来，不过老公还没看完，报纸就已经千疮百孔了。

"Could you hold off clipping your coupons until I've finished reading the paper?"

177. diligent（28）

［ ′dɪlɪdʒənt］（英文）always careful and hardworking; thorough; persistent; *assiduous*

adj. 孜孜不倦的;勤勉的;刻苦的

■ lig-,（拉丁词根,表示“to read, to choose, to select”读,选,选择的意思）

diligent= di(from, 从)+lig(choose)+ent, 从人群中选出来的“刻苦的,用功的”。

相关单词：

diligence *n.* 勤奋；勤勉

178. deter（28）

［dɪ'tə：］（英文）to prevent；to discourage；to *impede*；to *daunt*

v. 阻止，使不敢，使打消念头

■ ter-拉丁词根，表示"fearful，frightful"害怕，使……害怕

deter=de（wholly，complete）+ter（fearful），使之彻底（wholly）害怕（fearful），从而打消念头，使之不敢或者阻止做某事。

喝果酒也要付税了！能不能帮助年轻人戒掉喝酒的习惯不知道，但是增加了税收收入是肯定的了。

相关单词：

deterrent *n.* 威慑；妨碍物 *adj.* 威慑的；制止的

undeterred *adj.* 未被吓住的

179. initiate（28）

［ɪ'nɪʃɪeit］（英文）to begin；to start；to introduce；to get something under way

v. 创始；使初步了解；接纳；倡议；提出 *n.* 新加入者，接受初步知识者

■ itiner-，iti-，（拉丁词根，表示"travel，journey"旅行，旅途）

initiate= in（into）+iti（travel）+ate，表示刚刚进入一个旅途，意思就是"创始；使初步了解"。

initial 是形容词，表示初始的。它也有动词的意思，表示用姓名的首

字母签名。在美国签署一些重要文件时，有一些地方要用 initial。如果要在重要的文件或者支票上进行涂改，一定要签上 initial，表示对这个修改进行确认。

INITIATE

Set in motion, to start an activity, bring it into being

相关单词：

initiative *n.* 主动的行动，首创精神，主动权 *adj.* 开始的，初步的

initiation *n.* 开始；入会；启蒙

180. champion（28）

［ˈtʃæmpjən］（英文）to support; to fight for; to *endorse*; to *advocate*; to *commend*

n. 冠军；拥护者；战士 *v.* 支持；拥护 *adj.* 优胜的；第一流的

■ camp-拉丁词根，表示“flat space”，平坦的地方

champ-是 camp-的变形，古代的运动会和竞技比赛都是在平坦的地方举行的，所以 champ+ion（后缀，表示品质，状态），是指在平坦的地方比赛时取得胜利的，就是冠军了。

181. mediocre（28）

［mɪːdɪːəʊkə］（英文）second-rate; average to poor quality

adj. 普通的；中等的，平庸的

■ medio-(拉丁词根,表示“middle”中间的意思)

通常用 mediocre 这个词,暗示有一点失望的意思在里面,a bit of disappointment。

如果有一个人与平庸(mediocre)水火不容,那他就是 Steve Jobs 了。

相关单词:

mediocrity *n.* 平凡;平庸;平庸的人

182. domestic (27)

[dəˈməstɪk] (英文) relating to the home; relating to one's country; fitting in a home; *indigenous*

adj. 家庭的;热心家务的;国内的;驯养的 *n.* 仆人,佣人

dom-, domo-, domat-,起源于两个拉丁单词,一个是 domus,意思是“house”, 另外一个单词是 dominus,意思是“master (主宰)”, 这两个单词是相互有联系的。在圣经中讲到,国王 Ahasuerus 因为对王后的骄横跋扈不满,下令说“Every man is to be master of his own house.” 在罗马帝国,人人都信奉这一教条。

■ dom-,domo-, (拉丁词根就是“home,house,master”的意思)

domestic 是家庭的意思,中国人讲国家,国是大家,自己的家庭是小家,所以 domestic 也是国内的意思。

■ dom- (拉丁词根,还有 master 主宰的意思)

被别人主宰的人,管别人叫 master 的人就是仆人,佣人。

相关单词:

domesticate *v.* 使适应家庭生活;驯养

domesticity *n.* 专心于家务,对家庭的挚爱,家庭生活

183. pedantic（27）

［pɪ'dæntɪk］（英文）overly academic about minor matters；being a stickler for academic correctness

adj. 卖弄学问的，学究式的，迂腐的

■ ped-，(希腊词根，表示“child”孩子的意思）

pediatrician 是儿童医生

■ -ant，(拉丁后缀，表示“一个人，一个事物”）

pedantic＝ ped(child)+ant(人)+ic，把别人看成是小孩(child)，好卖弄学问。孔乙己就是卖弄自己那点可怜的知识，告诉别人“回”字有 8 种写法，这种人通常是很迂腐的。Pedant 就是这样的人，再加上 ic，就由名词变成了形容词。

相关单词：

pedant *n.* 炫学者，自夸学者的人，空谈家

pedantry *n.* 假装学者，卖弄学问，炫学

184. wary（27）

［'weərɪ］（英文）cautious；careful；*prudent*；*circumspect*；*apprehensive*；*diffident*

adj. 谨慎的，警惕的；考虑周到的

这个单词可以和另外一个单词 beware 一起记忆，beware 是动词，注意提防的意思。

谨慎，小心(wary)是正确的，但是别像下面这位过了头……

185. vulnerable（27）

[ˈvʌlnərəbl]（英文）able to be hurt; weak

adj. 易受伤的,脆弱的;易受攻击的

■ vulner-(拉丁词根,表示“wound”受伤的意思)

vulnerable = vulner(wound, 受伤) + able(能),表示能够受伤的,脆弱的。

Dr. Phil 是美国一个特别受欢迎的真人 show 节目,节目针对美国的一些现实的问题,比如肥胖、吸毒、心理疾病等实际情况,请来一些普通老百姓讲讲他们的问题。Dr. Phil 作为心理学专家给他们一些建议和帮助。针对很多人容易受伤害,Phil 博士说了一句名言,“Unless you know who you are, you will always be **vulnerable** to what people say.”

相关单词:

vulnerability *n.* 脆弱性,缺点,漏洞

invulnerable *adj.* 不会受伤害的,刀枪不入的

186. opportunist（27）

[ɔpəˈtjuːnist]（英文）someone who takes advantage of opportunities, often exploiting them selfishly *n.* 机会主义者,投机取巧者

这个单词来源于 opportunity 机会这个单词,善于利用机会的人就是机会主义者,投机取巧的人。

相关单词:

opportunistic *adj.* 机会主义的,投机取巧的

opportune *adj.* 恰好的,时机适宜的,适当的

187. discriminating(**27**)

[dɪs'krɪmɪneɪtɪŋ](英文)selective; making a clear distinction between things; to treat differently; *discerning*; *distinguishing*

adj. 有识别力的,有辨别力的,有鉴赏力的

■ crim-,(拉丁词根,有"judgement 判断,fault 错误,legal offense 犯罪"的意思)

criminal 是犯了错误,触犯了法律的人,就是罪犯。

discriminating=dis(away, separation)+crim+nating 是远离错误,远离犯罪,判断正确的,就是有识别力的,有辨别力的,有鉴赏力的。

discriminate *v.* 区别;辨别;区别于;歧视

相关单词:

indiscriminate *adj.* 不加区别的,任意的,不分青红皂白的

discrimination *n.* 无差别,无分别

188. adept(**27**)

[ə'dəpt; 'ædəpt](英文)skillful

adj. 熟练的;擅长的 *n.* 内行;能手

adept 还有两个姐妹,分别是 adapt 和 adopt,他们之间的关系还是"三角的"。

adapt *v.* 使某事物适合于新的用途;改编或改写;适应(新环境等)

adopt *v.* 采取,采用,正式通过,承继,收养;吸收;提名……为候选人

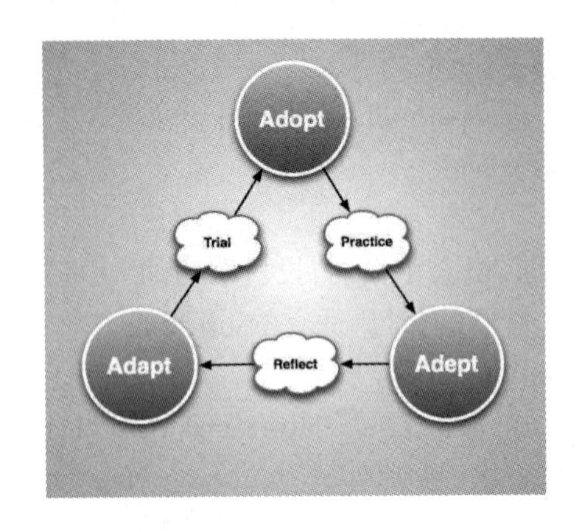

相关单词:

inept *adj.* 缺乏技巧的,无能的,笨拙的

189. anachronistic（26）

[ənækrə'nɪstɪk]（英文）out of date; extremely old-fashioned way of doing something; dated and no longer needed; *obsolete*; no longer *contemporary*

adj. 时代错误的,不合时宜的

■ chron-（希腊单词,意思是"time 时间"）

chronicle(编年史)是根据时间(time)前后顺序来记录历史的。

■ an-,（反义前缀,意思是"without,not"）

anachronistic = an(not)+chron(time)+istic,就是时间上出现了错乱,时代错误的,不合时宜的。

根据圣经记载,十戒(ten commandments)是上帝向以色列民族颁布的十条规定。公元前1500年,以色列的首领,先知摩西根据上帝刻在石碑上的十戒,创立了摩西律法,是最早的法律条文,在基督教中很有地位。很显然,当时还没有发明纸,所有的文字都是刻在石碑上的,非常重。所以有人修改了这个十吨重的十戒,其中第一条戒律就是"学会写在纸上"。但是这显然有点时空错乱了,感觉像是"穿越"了。

有一个单词很容易和这个搞混，是 anarchy

anarchy [ˈænəkɪ] *n.* 混乱，(尤指)政治混乱

■ arch， -archism，-archist，-archy(希腊词根，表示“govern，rule 掌控，掌管”)

190. provincial (26)

[prəˈvɪnʃəl] (英文) relating to a region or province; narrow-minded; *parochial*

n. 乡下人；外地人 *adj.* 省的，地方性的；守旧的，褊狭的

province 是“省”的意思，provincial 是省的形容词形式，很容易理解，那么它为什么还有另外一个意思，表示“乡下人”呢？

在巴黎，外省人是与巴黎人相对而言的。在第二次世界大战之前，巴黎人自认为是“高端，大气，上档次”的代表，简称“高大上”，而认为别的省份，包括海外地区的人，都是粗俗不堪。所以外省人成了“乡巴佬，乡下人”的代名词。

191. obstinate（26）

[ˈɒbstɪnɪt]（英文）stubborn；*intractable*

adj. 固执的，倔强的；难以对付的

■ sta-，stat，sti-，（拉丁词根，表示“stand，to set”站立，放置的意思）

■ -ate（拉丁后缀，意思是“to do”）

obstinate = obs(against，对抗)+stin(stand，站立)+ate(to do)，“固执的，倔强的”人就是跟别人站的 position 相对立，还死活坚持自己的立场，这种人一般都是“难对付的”。

下面就是典型的倔驴：

相关单词：

obstinacy *n.* 倔强，顽固，固执

192. heresy（26）

[ˈherəsɪ]（英文）a statement，action，or belief that goes a dominant religion or system of beliefs；more generally，any belief that goes sharply against the accepted viewpoint on a subject；a *radically unconventional* idea or action

n. 异端，异教

heresy = here+s(a)y

伽利略告诉教会的人，从望远镜这里(here)看到的星星都是一个一个的星球，牧师认为他的脑袋一定是被砸扁了，出问题了。伽利略最著名的成就之一就是改良望远镜，他的从望远镜这里(here)看世界的学说(say)，就被称为是异端邪说，所以异端就是 heresy。

GALILEO DESCRIBES HIS DISCOVERIES TO THE CHURCH

相关单词:

heretical *adj.* 异教的,异端的

heretic *n.* 异教徒,异端者

193. articulate (26)

[ɑːˈtɪkjʊlət] (英文) able to express ideas clearly; *coherent*; *lucid*

adj. 发音清晰的;善于表达的;有关节的 *v.* 清晰地发音

■ articul-, (拉丁词根, 表示 "joint, segment into joint, speak distinctly" 关节,分解成一节一节的,清晰地说话)

当我们说话时,如果能把一个句子的断句分好,那么别人就听得很清晰了。

刚出生的 baby 和爸爸直接打招呼了! 那我们不得不用 articulate 来形容他了。

相关单词：

inarticulate *adj.* 1. 口齿不清的，说不出的，不善于表达的 2.【动物】无关节的

194. formal（26）

[ˈfɔːml]（英文） standard; following rules; proper; ceremonial; *conventional*; relating to *superficial* conventions

adj. 正式的；礼仪上的；有条理的；正规的；公开的；拘谨的

form 是表格，形状，形式，加上 al 变为形容词，意思就是正式的，礼仪的，有条理的。

如果你不知道什么是 formal dress，看看奥斯卡影星走红毯就有感觉了。

195. detached（26）

[dɪˈtætʃt]（英文）unemotional; unbiased; objective almost to the point of being *indifferent*; neutral

adj. 分开的；超然的；公平的

■ de-（拉丁前缀，表示"away，离开，reverse the action of 相反的"意思）

tach [tætʃ] *n.* 环；扣子

detached = de（away）+ tach（扣子）+ ed，把扣子解开了，就是"分开的"，不再和世俗藕断丝连了，就是"超然的"，不和关键评判人员的私利挂钩，就"公平了"。

相关单词:

detachment *n.* 分离,分遣

196. conformist(26)

[kən'fɔːmɪst](英文)someone who follows rules or *conventions*

n. 遵奉者,英国国教徒

conform [kən'fɔːm] *v.* 使顺从;适应环境;(使)遵守;(使)一致

■ form-(拉丁词根,表示"shape,form"形状,形式)

conform= con(with, together) +form, 意思就是适应 the form of those around you。你周围的环境已经有一定的形式和形状了,要想具有(with)这样的 form,就只能适应环境,或者顺从了。

conform+ist,就变成顺从的人了

下面是 conformist education

Our Education System

相关单词：
conform *v.* 使顺从；适应环境；（使）遵守；（使）一致
conformity *n.* 遵从，依照；符合，一致
nonconformist *n.* 非国教徒

197. complement（26）

[ˈkɑmplɪmənt]（英文）to fit well with; to complete something
v. 补充，补足 *n.* 补充；补充物，补足物；补语
■ ple-，plet-，（拉丁词根，表示“fill，full”充满，满的）
complement = com（wholly 完全的）+ ple（fill）+ ment，表示完全充满的，就是“补充，补足”的意思。

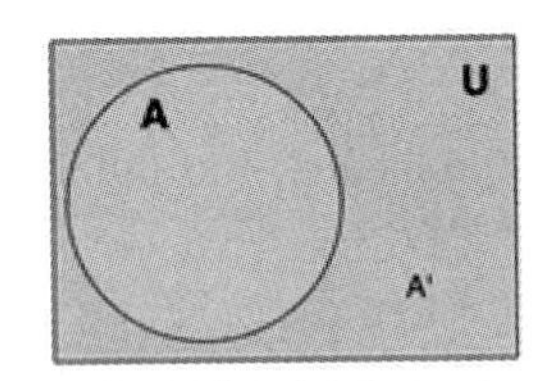

The complement of *A* in *U*

相关单词：
complementary *adj.* 补充的；互补的；相配的

198. intrepid（26）

[ɪnˈtrepɪd]（英文）brave，fearless；*undaunted*
adj. 无畏的；勇敢的
trepid 是形容词，表示恐惧的，不安的
intrepid = in（反义前缀）+ trepid，就是不害怕的，勇敢的，无畏的

相关单词：
trepidation *n.* 害怕，不安，震颤，颤抖

199. feasible（26）

[ˈfɪːzəbəl] possible; workable; likely to happen

adj. 可行的;可用的;可能的

■ feas-,(拉丁词根,表示“to make, to do, to cause”)

feasible 就是“可行的;可用的;可能的”

相关单词:

feasibility *n.* 可行性,可能性

200. proponent（26）

[prəˈpəʊnənt]（英文）a supporter; a champion; one who *endorses*; an *advocate*

n. 建议者,支持者

■ pon-(拉丁词根,表示“to put, to place”放置的意思)

■ pro-(拉丁前缀,表示“in front of”前面)

proponent = pro(前面) +pon(place,放置) +ent,可以指把一种观点放置(pon)在前面(pro),表示对它的支持。

人们在加州最高法庭前,把“支持同性恋结婚”的旗号放在前面,表示支持。

201. reprehensible（26）

[reprɪ'hensəbl]（英文）deserving great blame; wicked; evil

a. 应斥责的，应该谴责的

■ prehend-, prehens，（拉丁词根，表示"seize"抓住的意思）

reprehensible = re（前缀，back）+ prehens（seize，抓住）+ ible，reprehensible 的意思就是 hold back，限制不好的行为 by expressing disapproval.

reprehensible 可以用来形容人和事物。

比如大多数人都认为斗狗是一个 reprehensible 的行为，而主导、提倡斗狗的人也是 reprehensible。

202. extol（26）

[ɪk'stəʊl]（英文）to praise highly; to commend *v.* 赞颂

■ tol-, toll-, (拉丁词根,to lift up 抬起,to raise 举起)

■ ex-,(拉丁 前缀,completely)

extol=ex(completely)+tol(lift up),把别人高高抬起,就是赞颂的意思。

203. compatible (26)

[kəmˈpætəbl](英文) able to exist with something else; well-matched; *harmonious*

adj. 兼容的;能共处的;可并立的;和睦相处的

■ com-, (拉丁词根, with, together)

■ pati-, (拉丁词根,feeling 感受)

compatible= com(together)+pati(feeling)+ble(able),意思是具有同样的感受,表示能够兼容的,能和平共处的。

windows 有时候也 share the same feelings. I am kidding! 你买电脑的时候,会看到这样的标签,表示这个电脑的操作系统也兼容 windows 7。

相关单词:

incompatible *adj.* 不相容的;矛盾的;不能同时成立的

204. radical（26）

[ˈrædɪkl]（英文）not moderate; extremely unconventional, and almost *heretical*

adj. 根本的，全新的，激进的，很好 *n.* 激进分子

■ radi-, radic-,（拉丁词根，root 根）

radical = radic(root) + al，有了根，就有了立足的"根本"，一个根，就是一个"全新的"生命。有些根长得特别快，比如说竹子。老人说别在竹林里上厕所，因为竹笋长得太快，太激进，你懂的。

205. erratic（26）

[ɪˈrætɪk]（英文）moving in an unpredictable way; unpredictable; inconsistent

adj. 不稳定的；古怪的 n. 古怪的人

■ err-,（拉丁词根，wander，偏离正道）

error 错误，是指 wandering（远离）what is correct or true.

erratic 可以是指"wandering"徘徊，迷路。比如说丢失了巡航系统的导弹，走的路线很 erratic。弯弯曲曲的河道我们也可以说它是 erratic，"这里的山路十八弯"也可以用 erratic 来形容。

erratic 还有一个意思是 irregular，不正常的，古怪的。如果你的心跳是 erratic，你最好还是去医院检查一下吧。

如果你在一块平原上看到一块与周围环境很不协调的大石头，那一定是远古的冰川时代的产物，我们叫他 glacial erratic。

206. inherent（26）

[ɪnˈhɪərənt]（英文）inborn; essential; *innate*

adj. 固有的;内在的;与生俱来的

■ her-(拉丁词根,to stick, 黏的)

adhesive 的意思就是“sticky”

inherent = in (inside, 内部) + her (stick) + ent, 就是 something stick inside so firmly that can not be separated. 那就是与生俱来的,内在的,固有的。

最新的英国剧集《神探夏洛特》让喜爱福尔摩斯的观众们大大的饱了眼福,尤其是“卷福”的精彩表演,人们不得不问一句,“福尔摩斯的逻辑推理能力是与生俱来的吧?”

207. resilient（26）

[rɪ'zɪlɪənt]（英文）quickly bouncing back; flexible under pressure; *resolute*

adj. 弹回的,有弹力的;恢复快的;适应力强的

■ sali-, sili-,（拉丁词根,jumping,跳;spring forward,弹）

■ -ent,(形容词后缀)

■ re-,(拉丁前缀,again)

resilient = re(again) +sili(spring) +ent,是指弹回 again and again,就是有弹力的,弹回的,恢复快的,也是适应力强的,就像下面这个小苗苗。

相关单词:

resilience *n.* 弹力;顺应力

208. tractable（26）

['træktəbl]（英文）obedient; easily controlled; amenable

a. 易于管教的

■ tract-（拉丁词根,drag,拉扯）

tractable = tract(drag) +able(能够),表示能够很容易被 drag around,就是容易管教的,就像下面这位:

相关单词：

intractable *adj.* 难对付的，难解决的，棘手的；倔强的，难管教的，不友好的

209. clandestine（25）

[klæn'destɪn]（英文）secret；*surreptitious*

adj. 暗中从事的；保密的；秘密的

clan 是名词，宗族，部落的意思

destine ['destɪn] *v.* 命定，注定；预定；指定

clandestine = clan+destine，就是宗族，部落指定你要去干的事情，通常这种事情都是保密的，暗中进行的。

210. commend（25）

[kə'mənd]（英文）to praise；to *extol*

v. 推荐;托付;称赞

这个单词不常见,但是大家都认识另外一个单词就是 recommend,推荐 recommend= re+commend,就是反复称赞,反复推荐。所以 commend 就是推荐,称赞的意思。

脱帽致敬,就是称赞,推荐的意思(commend)。

相关单词：

commendable *adj.* 值得赞美的；很好的

211. adversity（25）

［əd'vəːsɪtɪ］（英文）a difficult, harmful, or dangerous situation

n. 逆境；厄运；窘境；灾祸；灾难；不幸的事

■ vers-,（拉丁词根，to turn，转移，转向）

adversity = ad（against）+ vers（turn）+ ity，就是形势向不好的方向逆转，从而带来了"逆境；厄运；窘境；灾祸；灾难"。

相关单词：

adverse *adj.* 不利的；有害的；相反的，逆的；敌对的

212. convoluted（25）

［'kɔnvəluːtɪd］（英文）complicated；twisted；*incoherent*

adj. 盘绕的，卷曲的

■ volu-，volv-，（拉丁词根，to roll，turn around 滚动）

revolve *v.* 环转，转动，意思就是 turn in circle

volume 册，卷，最早是 scroll（卷轴）的形式出现的。

convoluted = con（with）+ volu（roll）+ ted，意思是具有（with）滚动的

(roll)模式，就像风吹过海面，引起涟漪的样子，是盘绕的，卷曲的，最典型的就是大脑的形状了。

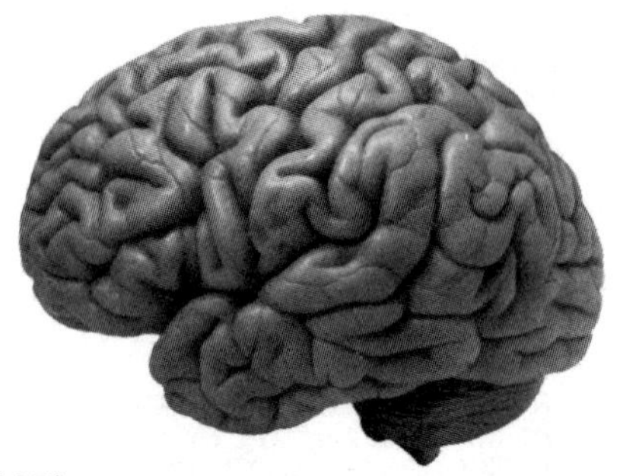

213. empathy（25）

[ˈəmpəθɪ]（英文）ability to see and feel things from another person's point view; *sympathetic*

n. 移情作用；共鸣

■ path-，（拉丁词根，suffering 痛苦，feeling 感觉，disease 疾病）

empathy=em(in，在内)+path(feeling，感觉)+y，就是参与，分享别人内在的感受，表示有共鸣，有同感。

How would you like it
if the mouse did that to you?

相关单词：

empathetic *adj.* 移情作用的

214. inundate（25）

[ˈɪnʌndeɪt]（英文）to flood; to overwhelm with *overabundance*

v. 淹没；（洪水般的）扑来；使充满

■ und-，（拉丁词根，to rise in waves，to flood 淹没）

inundate= in+und(flood)+ate，意思就是在洪水中，被淹没了，充满了。

比如说在新中国成立前，黄河经常 inundate 河南省，造成了很多灾难。

inundate 也可以形容事情或者工作太多，overwhelming。

215. genial（25）

[ˈdʒɪːnjəl; ˈdʒɪːnɪəl]（英文）friendly; good natured; kind; *sympathetic*; *gregarious*; *amiable*; *amicable*

adj. 亲切的，友好的；宜人的；温暖的。

■ geni-（希腊词根，chin，cheek 脸颊）

无论是谁看到这样的脸颊也会忍不住微笑的，因为他是那么的"亲切，友好和温暖的"。

相关单词：

congenial *adj.* 意气相投的；一致的；友善的

216. insolvent（25）

[ɪnˈsəlvənt]（英文）unable to pay; out of money

adj. 无力偿还的，破产的 *n.* 无力还偿者，破产者

solve *v.* 解决；破解

solvent *n.* 溶剂;解决方法 *adj.* 有偿付能力的;有溶解力的

solvent 是从 solve(解决)这个单词演化来的,问题能够解决因为有"解决的办法","溶剂"能够将固体物分解。如果债务有解决办法,就说明他们"有偿付能力的"。

insolvent= in(反义前缀)+solvent,就是无力偿还的,破产的,名词就是破产的人。

THIS IS MY WAY OF LETTING YOU KNOW THAT MY COMPANY IS INSOLVENT.

相关单词:

solvent *n.* 溶剂;解决方法 *adj.* 有偿付能力的;有溶解力的

solvency *n.* 偿付能力,资力,溶解力

soluble *adj.* 可溶解的;可以解决的

insoluble *adj.* 不能溶解的,不能解决的

217. impede（25）

[ɪm'piːd]（英文）to block; to hinder; to delay; to *inhibit*

v. 阻碍

■ ped-（拉丁词根,foot）

自行车上的 pedal(脚蹬子)是用 foot 踩的,pedestrian(行人)是用脚走路的。

impede=im(反义前缀)+ped(foot)+e, 与向前走相反,就是阻碍的意思。

下面这幅图,The woman **impedes** the man's efforts to escape from her control.

相关单词：

impediment *n.* 妨碍；障碍(物)；口吃

218. equivocal（25）

[ɪ'kwɪvəkl]（英文）intentionally unclear or *ambiguous*; *duplicitous*; obscuring one's meaning, often in response to a question

adj. 有歧义的；模棱两可的；有疑问的；不确定的；暧昧的

equal 是相等的意思，vocal 是声音的意思。

equivocal = equal+vocal，就是两种声音都能听见，而且音量一样大，那么别人就不知道应该听从哪一个了。于是就是有歧义的，模棱两可的，不确定的。

两个爸爸，两个声音，到底听谁的才好呢？

相关单词：

unequivocal *adj.* 明确的

equivocate *vi.* 说模棱两可的话，支吾

219. decisive（25）

[dɪ'saɪsɪv]（英文） quick to decide; definite or *definitive*; determined; *resolute*

adj. 决定性的；关键的

这个单词从 decision 演化来的，decision 是名词，决定，决心的意思。

decisive 就是一旦下定决心，就坚决地执行，起到决定性的，关键的作用的。

要说到最 decisive moment，要数董存瑞单手举起 40 斤炸药包炸碉堡的时刻了。

220. transcend（25）

[træn'sənd]（英文）to move beyond and often to overcome; to surpass

v. 超越，胜过

■ trans-，(拉丁词根，over，across)

■ scend-，(拉丁词根，climb)

ascend 上升，descend 下降

transcend = trans(over) + scend(climb)，意思是 rise above the limit，超过(over)能够爬到(climb)的极限，就是“超越，胜出”。

相关单词：

transcendental *adj.* 先验的，卓越的，超凡的

221. prohibitive（25）

［prə'hɪbɪtɪv］（英文）tending to prevent or *impede*；*precluding*

adj. 禁止的，抑制的

■ hibit-，（拉丁词根，proper，fit）

■ pro-，（拉丁前缀，before）

prohibitive = pro(before) + hibit(proper) + ive，就是在合适的做法之前，列宁说过"在正确的道路上多走一步就是错误"。你在"适合的"前面，还没到让你开始的时候你就开始了，那就是被"禁止的，抑制的"。

"Do Not Enter"是美国很常见的一种交通指示牌，意思是前方道路是单行线，禁止驶入。

222. dilatory（25）

[ˈdɪlətərɪ]（英文）delaying; not prompt

adj. 拖拉的

■ lat-, later,（拉丁词根,bear carry）

■ di-（拉丁前缀,away, separation）

dilatory = di(away) + lat(carry) + ory,向两个方向走,一会儿带着(carry)东西向左走,一会儿又带着(carry)那个物体向右走,犹犹豫豫,导致 dilatory(拖拉的)。

要去美国读大学,需要准备 SAT 考试,托福考试,写推荐信,要准备高中成绩单,要申请,还要写一篇 essay。事情太多了,很多同学该写 college essay 的时候就拖拖拉拉了(dilatory)。实际上,写 college essay 是很重要的一个环节,大家不要拖拉 dilatory,尽快提交申请。

不要穿下面这样的一个 T-shirt,尽管它有点酷。

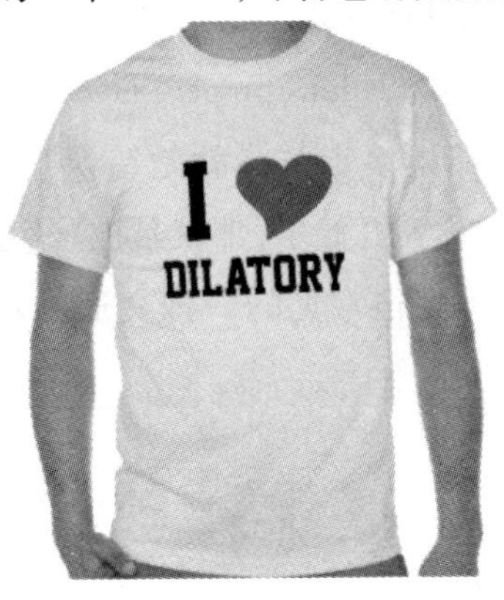

223. divisive（25）

［dɪˈvaɪsɪv］（英文）tending to divie parties；creating or stirring up disagreement

adj. 区分的，分裂的，不和的

divide 是动词，意思是分，划分，分开，分裂

divisive 是形容词形式

看来“从敌人内部瓦解”是亘古不变的好策略。

224. tolerant（25）

［ˈtɒlərənt］（英文）accepting of differences with others；able to deal with；*amicable*

adj. 宽容的；能耐……的

在美国，白人黑人现在能够和平共处了？

Tolerance

starts young

相关单词:

tolerance　是名词形式

tolerate　是动词形式,表示容忍,宽恕

tolerable *adj.* 尚好的,过得去的,可忍受的,可容忍的

225. cerebral（25）

[sə'rɪbrəl]（英文）intellectual; relating to the brain

adj.【术语】脑的,大脑的;影响大脑的

■ cerebro-, cerebr-, cereb-, cerebri-（拉丁词根: brain）

cerebral = cere+ bra(in) +l

cereal(谷物)为 cere+al,cere 即 Ceres['sɪːrɪːz],是罗马神话中的谷物女神。

Ceres 的特点是非常理智,所以 cerebr-就引申为拉丁词根 brain,意为"脑子"。

仔细比较一下 cereal(美国人最爱吃的早餐)和脑子(brain)还真有点像。

226. cantankerous（25）

［kæn'tæŋkərəs］（英文）bad-tempered；irritable

adj. 脾气坏的，爱吵架的，刚愎的，任性的

cantankerous= can+tank(坦克)+erous,是指像坦克一样,具有坦克的能力(can)，这种人通常是横冲直撞的,任性的,脾气一般也不是太好。

227. consensus（24）

［kən'sənsəs］（英文）general agreement；*concord*

n. 一致;舆论

■ sens-,(拉丁词根,feeling, to be aware 意识到)

consensus= con(with, together)+sens(feeling)+us,我们(us)具有(con)相同的意识(sens)，那么我们就是意见一致的,很多人都意见一致,慢慢就形成了舆论。

相关单词：

consensual *adj.* 在两愿下成立的，交感的

228. notion（**24**）

[ˈnəuʃən]（英文）an idea or concept, usually unproven; a *hypothesis*

n. 理解，概念

■ not-, nose-,（拉丁词根，know 知道，了解）

notion = not(know) +ion，就是知道，了解的名词形式。理解得很透彻了，就形成了一种概念。

灵感突现，有了一个新的 idea or you can say "notion".

229. compound（**24**）

[kəmˈpaund]（英文）to combine; to increase

v. 使合成；加重；调停　*n.* 化合物，混合物

■ com-,（拉丁前缀，together）

■ -pound,（拉丁词根，place, put）

compound = com(together) +pound(put)，就是把各种物质放在一起，就是混合，合成，名词就是混合物。

相关单词：

compounded *adj.* 混合的

230. circumscribe（24）

［'sə:kəmskraɪb］（英文）to draw a line around; to restrict; to define

v. 限制、约束（自由、权利、权力等）

■ circum-,（拉丁词根，circling，圆圈）

■ scrib-, scrip-,（拉丁词根，write，写）

scribble（涂鸦）是指 write 不够 carefully。

manuscript（手稿）就是还没有发表的 written work。

describe（描绘）是指 picture 一些东西 in words。

circumscribe = circum（circle）+scribe（write），画个圈，就是让你出不去，限制你的自由。在唐僧西天取经的路上，孙悟空就多次用这招限制唐僧的自由。呵呵，当然是为了师傅的安危。

如果师傅变成女的了，那就更有必要了。

相关单词：

circumscription *n.* 界限，区域，定义

231. tentative（24）

［'tentətɪv］（英文）not final; dependant; unsure; not *definitive* or *decisive*

adj. 试探性的，尝试性的；踌躇的

■ tent-,（拉丁词根，move in a certain direction，向某个方向移动；hold out 维持不动）

■ tentative = tent+ative，就是向某个方向"试探性的""尝试性的"移

动一点，或者是维持现状，犹豫不决的。

232. enigmatic（24）

[enɪɡ'mætɪk]（英文）puzzling; mysterious; *obscure*

adj. 神秘的；费解的；令人困惑的

■ enigma-（拉丁词根，riddle 谜团）

达·芬奇的名画《蒙娜丽莎的微笑》让无数的艺术家倾倒，就是因为她那 enigmatic smile。越是神秘的，令人费解的，才越是让很多人念念不忘。在电影《了不起的盖茨比》中的人物 Jay Gatsby 也是一个 enigmatic 人物，在巨大的财富和奢侈的背后隐藏着怎样的一个故事呢？这些猜想让人们浮想联翩，乐此不疲。

相关单词：

enigma *n.* 难解之谜

233. colleague（24）

[ˈkɒliːg]（英文）a coworker, especially in a particular business or profession; a *collaborator*

n. 同事，同僚，同行

■ leg-, league-, lig-,（拉丁词根，read，读）

■ co-,（拉丁词根，together）

colleague = co (together) + league (read)，最早指的是在一起(together)读书(read)的人，就是同在一个学术单位工作的人。现在泛指同事。

相关单词：

collegial *adj.* 大学(的学生)的

234. regenerate（24）

[rɪˈdʒənəːreɪt; rɪˈdʒənərɪt]（英文）to grow back; to regain health

v.（使）再生；革新；重建 *adj.* 再生的；革新的

■ gen-,（拉丁词根，希腊词根，birth 出生）

regenerate = re(again) +gener(birth) +ate，意思是再一次(again)的出生，就是重生，再生，革新。

下面这条壁虎刚刚再生了他的新尾巴：

相关单词:

degenerate *adj.* 退化的;堕落的

235. hackneyed (24)

[ˈhæknɪd] (英文) unoriginal; overused; *banal*; *prosaic*; *mundane*; *vapid*

adj. 陈腐的,平庸的

hacker 是黑客的意思,hacked 是我们现在经常听说的一个字眼,就是网站被黑客攻击了。

One day, a gentleman is talking to his honey,当然用一些谈恋爱的"陈词滥调",他刚打上一个字 honey,突然他的 QQ 被 hack 了,honey 变成 hack(o)ney+ed,因此终止了他的陈腐的,平庸的甜言蜜语。

有时候教练也总是说一些陈词滥调,就像下面这样:

236. preclude（24）

[prɪ'klu:d]（英文）to prevent; to make impossible; to prohibit

v. 排除;阻止;妨碍

■ clud-,（拉丁词根,to close, to shut, 关闭）

■ pre-,（拉丁词根,before,在前）

preclude=pre(before)+clude(shut),就是先设置障碍,把某事或者某人关在外面。

"Your client's refusal to grow up does not preclude him from being tried as an adult."

237. attribute（24）

[ə'trɪbju:t; 'ætrɪ:bju:t]（英文）to claim something as a cause, a characteristic, or an aspect of something

v. 把……归因于;*n.* 属性,特质,性质;标志,象征

■ trib-,（拉丁词根,to give, to pay）

distribute(分配)就是 give 食物 to 需要的人。

contribute(贡献,捐献)就是 give 你的 money 或者 energy to a group.

tribute(贡品)是 give something 用来表示尊敬。

你可能 give 你怕狗的原因 to 童年的一段故事(attribute)。

attribute 做名词的时候它的意思跟 quality 相似。比如你可能会认为 cheerfulness 是你伴侣的最优秀的 attribute。下面这个表就叫作 attribute table,是某物具有的 quality。

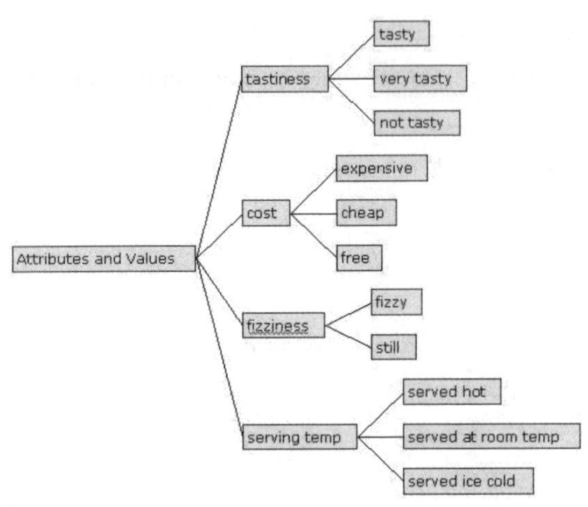

相关单词:

attribution *n.* 1. 归属;归因　2. 属性

238. naive（24）

[nɑːˈiːv]（英文）unsophisticated; innocent; childlike; *ingenuous*

adj. 天真的;幼稚的,轻信的;未经正规训练的;未有过经验的

n. 天真的人

■ nasc-, nat-,（拉丁词根,born,birth,出生）

naive 就是才出生的,那必然是“天真的;幼稚的”。

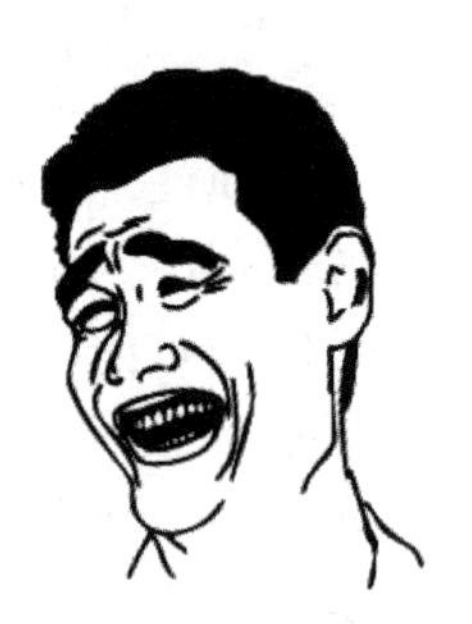

239. abundant（24）

[əˈbʌndənt]（英文）plentiful; not scarce

adj. 大量的,丰盛的

■ ab-,(拉丁前缀,from)

■ und-,(拉丁词根,flow,wave)

abundant = ab(from) + und(flow) + ant, 是指 from 水流(flow)的源头,

那里的水资源必然是大量的,丰富的。

That is a lot of money! abundant!

相关单词:

abundance *n.* 大量;丰盛;充裕

overabundant *adj.* 太充足的

240. chronological(**24**)

['krɒnə'lɒdʒɪkəl; 'krəʊnə'lɒdʒɪkəl](英文)in order of time

adj. 按时间顺序的,编年的

■ chron-,(希腊词根,time,时间)

logical *adj.* 逻辑的

chronological=chrono(time)+logical,按照时间逻辑顺序排列的,就是“按时间顺序的,编年的”。

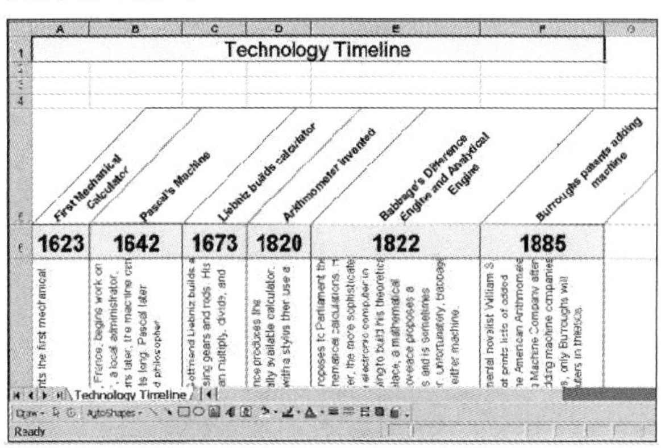

相关单词:

chronology *n.* 年代学;年代记

241. exorbitant（24）

[ɪg′zə:bɪtənt]（英文）excessive; unreasonable

adj.（要求,收费等的）过高的;过分的

■ ex-,(拉丁前缀,out of)

orbit 作为名词是轨道的意思,动词是绕轨道运行的意思,比如说地球绕着太阳转,用的单词就是 orbit。

exorbitant = ex(out of) +orbit(轨道) +ant, 就是脱离了轨道。如果发射的卫星脱离了原定轨道,要想回收,非常困难,而且“成本也过高”,通常采取的办法就是放弃该卫星。

要想做出下面这个动作,对此人的要求就是 exorbitant。

242. didactic（24）

[dɪ′dæktɪk, daɪ′dæktɪk]（英文）intended to instruct; instructive

adj. 好教诲的;教训的

下面这幅图里,姐姐正在教训弟弟,She did act like a teacher.（did+act+ic = didactic）作为老师,就是喜欢教训人,教诲弟弟的。

243. idiosyncratic（24）

［ɪdɪəsɪŋˈkrætɪk］（英文） a quirky or highly individualistic way of doing something or behaving; relating to an odd personal habit or characteristic; oddly or extremely *unconventional*

a. 特质的，异质的，特殊的

■ idio-，（希腊词根，private，隐秘的，私人的）

■ syn-，（希腊词根，with，具有）

idiosyncratic = idio（private）+syn（with）+cratic，就是具有（with）私人的（private），隐秘的一些特质。

美剧《生活大爆炸》中的 Sheldon Cooper 就是集各种 idiosyncratic 于一身的人物。比如他坐沙发必须要坐在专门的一个 spot 上，他每天吃什么饭是根据星期几来确定的，他上厕所也有一定的时间表，等等……

相关单词：

idiosyncrasy *n.* （某人特有的）气质，习性，癖好

244. banal（24）

［bəˈnɑːl］（英文） ordinary; commonplace; unoriginal; uninspired; *trite*; *mundane*; *prosaic*; *hackneyed*

adj. 陈腐的，平庸的

ban *n.* 禁令；禁忌 *v.* 禁止，取缔

banal = ban（取缔）+al，陈腐的，平庸的就应该取缔，代以新鲜的 fresh 的事物。

BANAL

If something is repeated too often, it becomes banal. So in order to keep this fresh,we don't repeat the meaning again.

相关单词：
banality *n*. 平凡，陈腐

245. static（24）

[ˈstætɪk]（英文）not moving; remaining in the same state of being

adj. 静止的；静态的；不变的；静电的；*n*. 静电；静电干扰

■ stat-，（拉丁词根，standing，fixed）

static 就是表示不变的，静止的。

比如 station 就是站，车站的意思。

还记得霹雳贝贝吗？static！

相关单词：
stasis *n*. 停滞，郁积

246. extraneous（24）

[əkˈstreɪnɪəs; ɪkˈstreɪnɪəs]（英文）unnecessary; *irrelevant*; not *pertinent*; not *inherent*

adj. 外部的，外来的；无关的

■ extra-，（拉丁词根，outside）

■ ous-，（拉丁后缀，表示是形容词）

extraneous = extra(outside) +neous，就是指外部的，外来的。

不仔细看，还真看不出那里有一只“外来的”虫子呢。

247. notorious（24）

[nəu'tɔːrɪəs]（英文）widely known or famous, usually in a bad way

adj. 臭名昭著的;声名狼藉的

■ not-,（拉丁词根,know）

notorious = not(know) +tor(tortoise,乌龟) +ous

notorious 就是很多人都知道(know)某人的坏名声(notorious),以至于他像缩头乌龟(tortoise)一样,躲了起来。

在美剧《吸血鬼日记》中,从头到尾都令人发指的,臭名昭著(notorious)的人就是和 Elena 长的一模一样的 Katherine。在第五季中,Katherie 终于死了,但即使在死以后还是给 Elena 他们的生活带来了很多的麻烦。

相关单词:

notoriety *n.* 恶名,丑名,声名狼藉

248. salutary（24）

［ˈsæljətrɪ］（英文）beneficial

adj. 有益的

■ salu-,（拉丁词根,greeting,good health）

salutary 就是有益于健康或者有益的事情,但往往是让人不愉快的。

像皇帝一样强制执行一些政策,虽然能让员工 back to work,好像是卓有成效,有益于公司的,可却让人不舒服。不快乐的员工很难成为一个好员工!

249. ardent（24）

［ˈɑː(r)dnt］（英文）extremely eager and *enthusiastic*

adj. 热烈的;激情的

■ ard-,（拉丁词根,fire）

有句话叫作"激情如火",ardent 就是含有火(fire)的激情(ardent)。

相关单词:

ardor *n.* 热心,热情

250. impenetrable (23)

[ɪm'penɪtrəbl] (英文) unable to be penetrated or understood; *obscure*; *enigmatic*

adj. 不能穿过的,不可理喻的

impenetrable=im(反义前缀)+penetra(te)(穿过)+able,就是不能够穿过的,不能看穿别人的内心世界,就认为别人是不可理喻的了。

还记得动画片《功夫熊猫》里的太郎吗?太郎号称被关在了最坚固的,不能穿过的桃岗监狱中。电影中是这样形容那个城堡的,Escape from Chorh-Gom Prison is impossible! ... One way in, one way out. One thousand guards, and one prisoner.

相关单词:

penetrating *adj.* 敏锐的,尖锐的,穿透的,有洞察力的

251. amicable (23)

['æmɪkəbəl] (英文) friendly, especially after a dispute; *amiable*; *genial*; *tractable*; *gregarious*; *conciliatory*; *amenable*

adj. 友好的

我们通常认为爱神是 Cupid,其实她还有另一名字叫 Amor。想起吸血鬼日记中 Silas 2000 年的不老情人叫 Amara。这些单词里面都有一个词根,就是 am。所以 am-,ami-是拉丁词根,表示"love"。在西班牙语中 amigo 就是朋友的意思。

amicable= ami(love)+c+able,就是能够爱的,表示友好的。这个单词和 amiable 就差一个字母 c,意思也基本相同,可以放在一起记忆。

This is definitely an amicable dog!

252. trite（23）

[traɪt]（英文）not original; done many times already; boring; *banal*; *hackneyed*; *trivial*; *inconsequential*

adj. 平庸的，陈腐的，平凡的，用坏的

■ tri-，（拉丁词根，意思就是 three）

trite = tri(three) + te，中国有句俗话叫作"话说三遍，淡如水"。如果一件事重复三遍，自然就不是原创的，是平庸的，平凡的。

现在的选秀节目，捧红的不仅仅是选手，评委更是大家关注的焦点。王力宏作为《中国好声音》的梦想导师，为了让节目有看点，也为了避免别人说他太俗(trite)，在接受媒体采访的时候号称要发狠，要扮"黑脸"。

253. toxic（23）

['tɒksɪk]（英文）extremely harmful; poisonous; *deleterious*

adj. 中毒的；有毒的 *n.* 毒物

骷髅头就是有毒的标志。

相关单词:

toxin *n*. 毒素,毒质

toxicity *n*. 毒性

254. disparity（23）

[dɪ'spærɪtɪ]（英文）inequality *n*. 不同;差距

■ pari-, par-,（希腊词根,表示 same,equal）

■ dis-,（拉丁前缀,表示反义）

disparity = dis（反义前缀）+pari（the same）+ty, 与“相同的”相反的,就是“不同”,有“差距”。

下面这个观察家说……What? 差距还不够大?

相关单词:

disparate *adj*. 完全不同的

255. incisive（23）

[ɪn'saɪsɪv]（英文） sharp; clear; clever; keen; *perceptive*;

discriminating; *astute*

adj. 直接的,尖锐的,深刻的,单刀直入的

■ -cis,(拉丁词根,to cut)

incisive= in(into)+cis(cut)+ive,就是 cut into it, 直接切入,必然是“尖锐的,直接的”,如果是某种思想,那一定是深刻的。

马来西亚航班 MH370 的神奇失踪堪称是到目前为止,最离奇的飞机失踪案件。在西方媒体的咄咄逼人和反复追问下,马航事件的真相才浮出水面。西方媒体可以用“incisive media”来形容。事关 154 名中国人的身家性命,而中国媒体却再度暴露出自己在专业媒体素养和职业操守上的软肋,被讽刺为“中国媒体有三宝:转发、蜡烛和祈祷”。

256. allude(23)

[ə'lu:d](英文)to hint at; to refer to indirectly

v. 暗指,影射;顺便提到

■ lud-,(拉丁词根,play,make sport of)

allude=al(反义前缀)+lude(play), 不是直接表演,而是暗指的,影射的。

许多人喜欢看电视剧《甄嬛传》,有人说其中呈现的各种后宫争斗,主仆关系影射(allude)了现代职场的真谛。剧中甄嬛的贴身宫女崔槿汐,被评为是后宫最有智慧的女子之一,是现代职场中的佼佼者。后宫就仿佛是一个大的集团公司,各宫妃嫔小主就是各个部门的主管,崔槿汐就好比是一个在公司混了许多年,一直在等待时机的员工。她从甄嬛入宫开始,就认准了甄嬛,可谓是做出人生最重要的选择。继而在甄嬛的宫斗中,发挥自己的聪明才智,得到甄嬛的充分信任,辅佐甄嬛直至成为一人之下万人之上的皇太后。

相关单词：

allusion *n*. 暗示，暗指，提及

257. verbose（23）

[vəˈbəus]（英文）wordy

adj. 冗长的，啰嗦的，累赘的

■ verbo-, verb-,（拉丁词根，word）

■ -ose,（拉丁后缀，full of）

verbose = verb（words）+ose（full of），一个人不停地说话，我们就叫他话匣子。话匣子就是一个充满（full of）话（words）的匣子。不停地说话，那就避免不了冗长，啰嗦了。

verbose 其实就是话痨人或者话痨驴子所特有的。还记得怪物史莱克中那只贫嘴驴吗？verbose 说的就是他。

相关单词:

verbosity *n.* 赘言,唠叨,冗长

258. account（23）

[ə'kaunt]（英文）a report, description, or explanation; a narrative

n. 账户,账目,记述,描述,解释,说明

到美国的第一件事就是去银行,建立一个银行账户(bank account)。因为美国人几乎都不用现金的,都是用各种各样的卡消费。

相关单词:

accountable *adj.* 负有责任的;可解释的;可说明的;有解释义务的

unaccountable *adj.* 无法解释的,无责任的

259. anecdote（23）

['ænɪk'dəʊt]（英文）a brief personal story, *account*, or *illustration*, often humorous

n. 轶事,奇闻,秘史

■ dot-,(拉丁词根,dare, give, a gift)

anecdote=anec(ann)+dot(dare,give),就是有一定的勇气(dare)来讲述 Ann 的逸事和秘史,那么 Ann 一定是中国的吕后,孝庄皇后了。

Anecdote 和 antidote(解药)这个单词拼写很接近,要区分开来记。

中国近年来拍了很多古装剧,其中很多是关于宫廷秘史的,比如孝庄秘史。

相关单词:

anecdotal *adj.* 轶事的,趣闻的,多轶事的;含轶事的

260. affectation（23）

[æfek'teɪʃən]（英文）a pretentious or inauthentic way of behaving; pretending to be something; not typical behavior

n. 假装,装模作样,装模作样的言行

■ fac-, fact-, fect-,（拉丁词根,to do, to build）

■ -ation,（拉丁后缀,process, condition）

affectation = af(反义前缀) + fect(to do) + ation(conditon), 与 do something(fect)相反的一种状态(condition),就是本来没做什么,却在那里装模作样。

相关单词:

affected *adj.* 假装的,做作的;受到影响的

unaffected *adj.* 不矫揉造作的,自然的,不装饰的,未受影响的,未被感动的

261. resignation (23)

[ˈrəzɪgˈneɪʃən] (英文) reluctantly accepting a less than ideal situation; *reconciling* oneself to a bad but apparently *inevitable* situation; giving in *n.* 辞职;辞呈;听从,顺从

resignation = re(again) + sign(签字) + ation(名词后缀),一个公司雇你的时候要签劳动合同,等你打算辞职的时候,还要再(again)签一次合同,不过这次是解聘的合同。所以再一次签字,就是辞职,递交辞呈。如果老板让你一次又一次地签字,你都恭恭敬敬地答应了,那你就是一个"听话,顺从"的人。

相关单词：

resigned *adj.* 顺从的

262. composure（23）

［kəm'pəʊʒə］（英文）extreme calm and confidence; *equanimity*

n. 镇静

■ pos-，（拉丁词根，place，positioning）

■ com-，（拉丁前缀，with，together）

composure=com(with)+pos(positioning，定位，放置)+ure，就是具有(with)泰山压顶，而屹立不动的镇定。

"即便是压力山大，我还是能够保持有点 cool"。

相关单词：

composed *adj.* 沉着的

composition *n.* 作曲；作品；作文；构成；成分；合成物

263. florid（22）

［'flɒrɪd］（英文）overly decorated; flowery

adj. 华丽的，红润的

■ flori-，（拉丁词根，flower，full of flowers）

■ -id，（拉丁后缀，表状态）

florid =flori(full of flowers)+id(状态)，到处都是花的状态，那一定

是华丽的。

264. amenable(22)

[ə'mi:nəbl](英文) cooperative; willing; *tractable*; *amicable*

adj. 易控制的,顺从的,顺服的;愿意接受的

amenable=a+men+able, 一个男人能够控制得了,就是“易控制的,顺从的;愿接受的”。

265. condone（22）

［kən′dəʊn］（英文）to allow to happen; to forgive or overlook something wrong; to *indulge*

vt. 赦，宽恕

condone=con(with,together)+done，和已经发生的事情(done)站在一起(together)，就是原谅，宽恕了。

传说在公元前十三世纪，埃及人奴役以色列人。先知摩西要求埃及法老释放上帝的子民。但是法老心肠很硬，上帝为了惩罚他们就降下来十场灾难。终于在第十场灾难的重击之下，埃及所有有头的生物，包括人及家畜全都死去。法老悲痛欲绝，终于容许以色列人离去。

埃及法老这样对摩西说：

266. tedious(22)

［′tiːdɪəs］（英文）boring; monotonous; so dull and repetitive as to be tiring

adj. 单调乏味的；冗长的

■ tedi-，（拉丁词根，boring）

tedious=tedi(boring)+ous，就是很无聊，很 boring。

在《神探夏洛特》第二季的第二集中，夏洛特浑身是血，他却对华生医生说：

相关单词：

tedium *n.* 冗长乏味，单调

267. officious（22）

［əˈfɪʃəs］（英文）bossy；overly asserting one's authority；using one's position or authority to force others；authoritarian

adj. 多管闲事的，非官方的

official 是官员的意思，officicious 不是官员，却像官员，把自己当作官员，那就是爱多管闲事的。

268. exploit（22）

［ˈəksplɔɪt；ɪkˈsplɔɪt］（英文）to take advantage of

v. 利用；剥削，榨取；开采

相关单词：

exploitative *adj.* 开发资源的，剥削的

exploitation *n.* 开发；利用；广告推销；剥削

unexploited *adj.* 未开发的

269. assiduous（22）

[əˈsɪdjuəs]（英文）hardworking；dedicated；*persistent*；*diligent*

adj. 刻苦的，勤勉的

■ -sid，（拉丁词根，sit，sitting）

■ -uous，（拉丁后缀，tending to）

assiduous＝as（反义前缀）＋sid（sitting）＋uous（tending to），跟闲坐着（sitting）相反，那就是一直在忙着，就是刻苦的，勤勉的。

像小蜜蜂一样勤劳！像八爪鱼一样能干！

270. neutral（22）

[ˈnjuːtrəl]（英文） not taking sides, especially in a dispute; *detached*; *objective*

n. 中立者,中立国 *adj.* 中立的,中立国的;中性的;不带电的;无性的

■ neut-,（拉丁词根,neither one or the other）

neutral=neut+ral,既不是这个也不是那个保持中立

现在去商场买衣服,还真得问问这是给男生穿的还是给女生穿的,不过通常得到的答案是“中性的”。

相关单词:

neutralize *v.* 使失效;抵消;中和

neutrality *n.* 中立,不偏不倚,中间状态

271. scrupulous（22）

[ˈskruːpjʌləs]（英文） principled; highly moral; *conscientious*; *assiduous*, especially when dealing fairly with others *adj.* 小心谨慎的;一丝不苟的;正直的

■ scrup-, scrupul-,(拉丁词根,"uneasiness, anxiety, dout",不安,本意是指小的,尖的石子)

scrupulous = scrupul+ous,传说人生下来都是各种尖尖的小石子,有各自的需求,各种不同的形状,而且本着"人性本善"的原则,小小的孩子一个个都是"道德上高尚的",对每一件事情都非常"认真,一丝不苟"。后来在社会这个大潮的不断磨砺中,尖尖的不规则的小石头都变成了圆圆的鹅卵石。

瑞士奶酪上面有一些自然发酵形成的气孔,居然有人要数数这些气孔,的确是"一丝不苟"呀!

相关单词:

scruple *n.* 顾虑,顾忌 *v.* (对……)有顾虑,顾忌

unscrupulous *adj.* 肆无忌惮的,不择手段的,无道德原则的

272. laconic(22)

[lə'kɔnɪk](英文)habitually using few words; tight-lipped

adj. 简洁的,简明的

斯巴达是古代希腊城邦之一,它坐落在希腊一个叫作 Laconia 的地区。斯巴达以其严酷的纪律和军国主义而著称,斯巴达的男人必须从军。他们被认为是英勇的武士,没有时间进行长篇大论的演讲,他们说话总是很简洁。于是人们觉得 Laconia 地区的武士说话就是有 Laconia 的特点,那就是 laconic,非常简洁。

273. authoritarian（22）

［ɒːθɒrɪ'teərɪən］（英文） demanding absolute obedience; *domineering*; *peremptory*; *officious*

n. 权力主义者，专制者，独裁者 *adj.* 权力主义的，专制的

authority 权力，权威

父母不要成为专制的独裁者。

相关单词：

authoritative *adj.* 专断的，权威式的；权威的当局的

274. refinement（22）

［rɪ'faɪnmənt］（英文） elegance; improving something, often by making it more pure; urbanity; *decorum* *n.* 精制，精炼，提纯；文雅

refine *v.* 精炼，提纯，提炼；使高雅；改善

fine 是好的意思，refine 就是一遍又一遍地提炼，让它变得更好。加

上后缀 ment，就是名词 refinement。

原来吃个热狗，也可以如此高雅！

相关单词：

refine *v.* 精炼，提纯，提炼；使高雅；改善

unrefined *adj.* 未精练的，脏的，不纯洁的

275. incorporate（22）

[ɪn'kɔːpəreɪt]（英文）to include as a part within a larger whole; to *encompass*; to *comprehend*

v. 包含，吸收，使并入

■ corp-, corpor-,（拉丁词根，body）

incorporate = in(into)+corpor(body)+ate，把别的 body 吸收到一个大的系统中。

《笑傲江湖》中的任我行利用吸星大法把别人身体里的真气吸收进入自己的身体中，从而大大提高自己的内力。

276. predator（22）

[ˈprədətə]（英文）a hunter; especially an animal hunting other animals

n. 食肉动物;掠夺者

prey 是猎物的意思

predator-prey 之间的关系就是简单地猎杀

相关单词:

predatory *adj.* 掠夺的,掠夺成性的;食肉的,捕食生物的

277. incredulous（22）

[ɪnˈkredjuləs]（英文）disbelieving; highy if not completely skeptical *adj.* 怀疑的,不轻信的

■ cred-,(拉丁词根,belief)

credit 是信用卡的意思,credulous 就是很容易相信别人

incredulous=in(反义前缀)+cred(belief)+ulous,就是不轻易相信别人的,怀疑的

相关单词:

credulous *adj.* 轻信的,易被瞒的,易受骗的

incredulity *n.* 不易相信,深疑,怀疑心

278. hypothesis（22）

[haɪˈpɒθəsɪs]（英文）something supposed to be true, but not yet proven; a *tentative* theory; an educated guess; a likely explanation

n. 假说,假设;猜想,猜测

■ hypo-,hyp-,(希腊前缀,beneath,under)

■ thes-,(拉丁词根,to place)

hypothesis=hypo(under)+thes(place)+is,猜测下面放的是什么,就有了一系列的假说和假设,如果大家学习 Statistics（统计）这门课,就总会遇到这个词,因为在做统计计算之前,总要先设定一个 hypothesis 以进行验证。

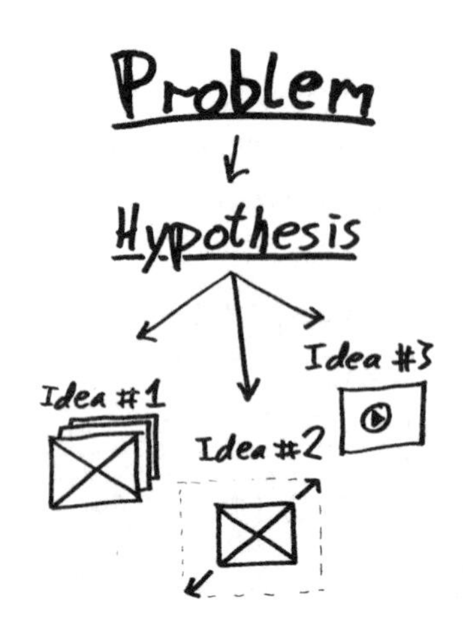

相关单词：

hypothetical *adj.* 假设的；爱猜想的

hypotheses *n.* [hypothesis] 的复数形式；假说，假设

279. duplicity(22)

[dju:'plɪsɪtɪ]（英文）deceitfulness；double-dealing；*equivocation*

n. 口是心非，表里不一

■ du-，duo-，（拉丁词根，two，double）

■ pli-，（拉丁词根，fold，turn）

duplicity =du(double)+pli(turn)+city，墙头草两面倒，嘴上说一套，行动上又是另一套。

一面是黑脸，一面是白脸，duplicity。

相关单词：

duplicitous *adj.* 搞两面派的，奸诈的，双重的

280. languid（**22**）

[ˈlæŋgwɪd]（英文）lazy；lacking energy；*apathetic*

adj. 疲倦的，无力的，阴沉的

读读这个单词，“懒鬼的”，就是这个意思了。

相关单词：

languish *v.* 凋萎；失去活力；烦恼，苦思；憔悴，潦倒

languor *n.* 怠惰，疲倦，无气力

281. orthodox（**21**）

[ˈɔːθədɒks]（英文）traditional；conservative；commonly accepted；*conventional*

adj. 正统的，传统的；惯常的

■ ortho-，orth-，（希腊词根，right，true）

■ dox-，（希腊词根，belief）

orthodox = ortho（true）+dox（belief），社会上普遍认为正确的（true）理念（belief），就是传统的，正统的。

正统的犹太男人都带着帽子，不过有的大，有的小。

相关单词:

orthodoxy *n.* 正统说法,正教,信奉正教

unorthodox *adj.* 非正统的;非传统的;不正规的

282. ominous (21)

[ˈɒmɪnəs] (英文) threatening, as an omen; dangerous; *inauspicious*

adj. 不祥的,不吉利的;预兆的

omen 是预兆的意思

ominous =om(omen)+in+ous,在我们的(ours)内心(in)有一种预感,通常这时候都是不好的预感,所以也是不吉利,不祥的意思。

我们以前学过另一个单词是 auspicious (34),它的意思是吉利的,吉祥的。

乌鸦被认为是不吉利的,在吸血鬼日记第一季中,150 年的吸血鬼 Stefan 刚出现的时候就总有一只乌鸦伴随,但在后面的剧集中,不知道为什么乌鸦都不见了,也许后来吸血鬼在剧中已经成为家常便饭的事情了,不再需要这种不祥的预兆了。

相关单词：

omen *n*. 预兆

283. tacit（21）

［ˈtæsɪt］（英文）understood without needing to be said；implied；implicit

adj. 缄默的；不言而喻的；默许的

怪才和天才的周围一定有一个可以理解他，包容他的合作伙伴，才能充分发挥他的才能，就好像福尔摩斯和华生医生，豪斯医生和 Wilson 医生他们之间的关系就可以用 tacit 来形容。

284. astute（21）

［əˈstjuːt］（英文）insightful；clever；wise；*discerning*；*discriminating*

adj. 机敏的；狡猾的

■ astut-，（拉丁词根，狡猾的）

都说狐狸狡猾，这只大胖熊也不差呀！

285. aspect（21）

['æspekt]（英文）the look or appearance of something, especially from a particular viewpoint; an *attribute*

n. 方面,形态,特征;建筑物朝向;外观,样子

■ spect-,(拉丁词根,sight,appearing)

286. peremptory（21）

[pə'remptərɪ]（英文）bossy; tending to cut others off; *dismissive*; *officious*

adj. 断然的,俨然的,强制的

■ per-,（拉丁词根,through）

■ empt-,（拉丁词根,taking,use, spend）

peremptory = per (through) + empt (taking) + ory,意思是从头到尾（through）都占据着（taking, use）高位,保持一种居高临下的姿态, 那就是比较 bossy,强制了。

相关单词:

peremptorily *adj. adv.* 断然的,独断的,横蛮的

preempt *v.* 先占,先发制人

287. vignette（21）

[vɪ'njet]（英文）a brief descripton of a scene

n. 装饰图案;小插图

很多信纸上都有一些装饰图案,就像下面这样。

288. intrusive（21）

［ɪn'truːsɪv］（英文） butting in; joining in without being wanted; tactless

a. 打扰的，插入的

■ trus-，（拉丁词根，push，shove）

intrusive = in（inside）+trus（push）+ive，就是往里面（in）push，那就是插入的。

在介绍岩石的种类的时候，有一种岩石叫作 igneous rock，中文翻译成火山岩，就是岩浆冷却后变成的岩石。如果这种冷却是在地壳内部，慢慢形成的，就叫作 intrusive igneous rock。这种岩石通常晶体颗粒比较大。如果是火山爆发，火山岩喷发出来，经过迅速冷却而形成的岩石，叫作 extrusive igneous rock。这种岩石晶体颗粒很小，有的甚至没有晶体颗粒，像玻璃一样。

花岗岩就是 intrusive igneous rock。

相关单词:

intrusion *n.* 侵入;打扰

intruder *n.* 侵入者;干扰者

289. prevalent（21）

[ˈprevələnt]（英文） common; exisitn everywhere; *widespread*; *abundant*; *pervasive*

adj. 流行的;普遍的

■ -valent,（拉丁词根,strong,power）

■ pre-,（拉丁前缀,before）

prevalent = pre(before) +valent(strong), 在被认可之前,就已经非常strong了,说明是普遍流行的。

如今如果不知道一些网络流行语,那可真是让“小伙伴们都惊呆了”。下面这些词,你经常说吗?

相关单词:

prevail *v.* 流行;战胜;占优势;说服;成功

prevailing *adj.* 占优势的;主要的;流行的;普遍的

290. indisputable（21）

[ɪndɪsˈpjuːtəbl]（英文） certain; absolute; beyond doubt or dispute

adj. 无争论之余地的,明白的

■ dis-,（拉丁前缀,separation, apart）

■ puta-,（拉丁词根,to think over, consider）

disputable = dis(apart) +puta(think) +able,两种讨论,想法(think)截然分开的,就是“有讨论余地的”。

indisputable = in(反义前缀) + disputable，是“无争论之余地的，明白的”意思。

肯尼迪被美国人民公认为是最好的总统之一。肯尼迪总统被暗杀的事件也成为很多年来人们谈论的焦点，尽管凶手已经被抓住了，但是很多人对于谁是幕后真正的凶手都持不同的观点。电影 JFK 用无可辩驳的(indisputable)证据向人民展示出了，行刺的凶手只是枪手而已，其幕后有大人物指使这次刺杀。

相关单词：

disputatious *adj*. 爱议论的

disputant *n*. 争论者 *a*. 争论的

291. merit（21）

[ˈmərɪt]（英文）praiseworthy excellence

n. 价值；长处，优点；功过 *v*. 值得，应受

这个单词可以通过 merry 这个单词来记。大家都认识 Merry Christmas 吧！Merry 就是快乐的意思。

merit = mer(merry) + it，看见他(it)就高兴(merry)，那么此人必定是有价值，有很多优点的，是值得别人尊重的。

相关单词：

meritorious *adj*. 有功绩的，有价值的，可称赞的

demerit *n*. 缺点，过失

292. lament（21）

[ləˈmənt]（英文） to regret deeply, something to the point of grief

n. 挽歌；悼词；恸哭；悲痛之情 *v*. 哀悼，悲叹；痛惜，悔恨

相关单词：

lamentable *adj.* 令人遗憾的，表现悲哀的，哀伤的，糟糕的

lamentation *n.* 悲叹，哀悼

293. exonerate（21）

[ɪɡˈzɒnəːreɪt]（英文）to free from blame; to vindicate

v. 使免罪，免除

■ ex-，(拉丁前缀，out of)

■ oner-，(拉丁词根，burden，load)

■ -ate，(拉丁后缀，to do, to make)

exonerate = ex (out of) + oner (burden) + ate (动词后缀，使)，就是使(ate)免除(out of)责任(load, burden)，也就是免除，使免罪的意思。

294. terse（21）

［tə:s］（英文）brief and often abruptly to the point; *concise*

adj. 简洁的，扼要的

terse 的意思不仅仅是简洁，更重要的是“to the point”，就是能说到关键的点上。

美剧《豪斯医生》中 House 对宗教信仰的评价非常精辟，到位（terse）。

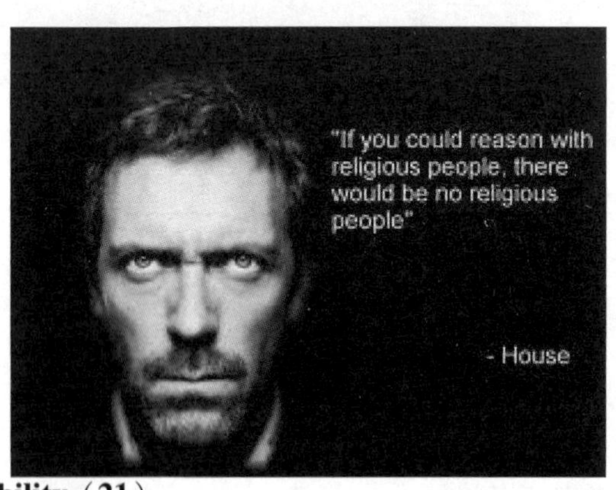

295. sensibility（21）

［sensɪˈbɪlɪtɪ］（英文）preferences; awareness; tastes; delivacy or *refinement* of tastes; *discernment*

n. 感受力，感悟力，鉴赏力；敏感，善感；感情

sensibility = sense+ability

sense 是感官，感觉，智慧和有辨别力的意思

sensibility 就是具有感觉，辨别的能力

简奥斯丁的名著<Sense and Sensibility>翻译成中文就是《理智与情感》。

296. evanescent（21）

［ɪː və′nesnt］（英文）fleeting；lasting only a very short while；*transient*；*ephemeral*；*transitory*

adj. 逐渐消失的，容易消散的，会凋零的

■ vane-，vani-（拉丁词根，disappear，fade）

记得 vanish 这个单词吗？就是消失的意思

■ -escent，（拉丁后缀，becoming，beginning to be）

evanescent = e + van（disappear）+ escent（becoming），就是 becoming disappear，慢慢地消失，逐渐消失

雾霾让北京慢慢地消失了……

297. renowned（21）

［rɪ′naʊnd］（英文）famous in a good way；*distinguished*；*prominent*；*acclaimed*

adj. 著名的；有声望的

大家都认识一个单词就是 know，意思是知道，明白，它的过去分词是 known 也可以做形容词，意思是知名的，大家都知道的。

renowned＝re（again）+（k）nown（知名的）+ed（过去式的标志），就是过去（ed）一遍又一遍（re）得被人们知道（知名），那就是有声望的，著名的。

如今网络催生了很多名人，比如凤姐，芙蓉姐姐，但是她们却不能够用 renowned 来形容，只有像爱因斯坦这种人才是真正的 renowned。

298. indigenous（21）

[ɪn'dɪdʒɪnəs]（英文）native；belonging to a particular region and not usually found elsewhere；*domestic*

adj. 土生土长的

■ -genous，（拉丁词根，birth，orgin）

indigenous = in（into）+di（强调）+genous（orgin），扎根于（into）出生的地方（genous），就是土生土长的。

《舌尖上的中国》，记录了大江南北各种美食，告诉我们只有辛勤的汗水浇灌着土生土长的食物，才是滋养中国老百姓的美味，才成就了“舌尖上的中国”。

299. repressed（21）

[rɪ'prest]（英文） held down or held back；*inhibited*；*suppressed*

adj. 感情被压抑的，不能公开表达的　动词 repress 的过去式和过去分词

repressed = re（again）+press（向下压）+ed，就是不断地受到压制，时间长了，一定很压抑。有些话不能说，总被压着，不能公开表达。

相关单词：

repressive *adj.* 抑制的，镇压的，残暴的

repression *n.* 压抑；约束；抑制；镇压

irrepressible *adj.* 镇压不住的，抑制不住的

300. ingenuous（21）

[ɪn'dʒenjuəs]（英文）*naive*, childlike

adj. 天真的，单纯的

■ -genous, genus-（拉丁词根，birth，orgin）

ingenuous = in（into）+ genuous（birth），进入（into）小孩子出生的（birth）状态，那一定是很天真，很单纯的。

迪斯尼新出的动画片《Frozen》（冰雪奇缘）捕获了无数小女孩的心，该剧一改公主和王子的俗套，主要讲述了姐妹之间的单纯的感情（ingenuous）。姐姐 Elsa 制造冰雪的超能力以及妹妹 Anna 的天真和单纯，都让小朋友们欲罢不能。美国很多小学都集体放映这部电影，可见其 popolar 的程度了。

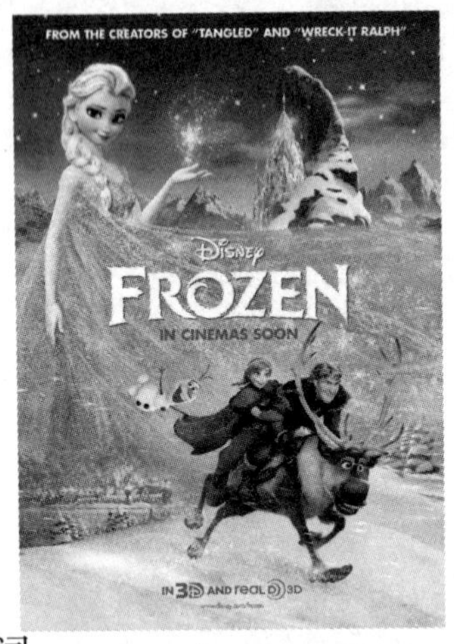

比较以下两组单词：

ingenuous VS. indigenous（第 298 个单词）

ingenuous VS. ingenious（有独创性的）

相关单词：

disingenuous *adj.* 不老实的，不诚实的，虚伪的

301. adulation（21）

[ædju'leɪʃən]（英文）deep and perhaps excessive admiration

n. 谄媚，奉承

■ ul-，（拉丁词根，tail）

adulation = ad(add) + ul(tail) + ation，add something 到尾巴上（屁股上），就是拍马屁的意思了。

你看这马屁拍的，那是卓有成效呀！

相关单词：

adulatory *adj.* 谄媚的，奉承的，阿谀的

302. expedient（21）

[ɪks'pɪːdɪənt]（英文）practical; useful; helpful; simple and efficient; *pragmatic*

n. 权宜之计，临时手段　*adj.* 权宜的，方便的，有用的

■ pedi-，（拉丁词根，foot）

■ ex-，（拉丁前缀，out of，from）

expedient = ex(from) + pedi(foot) + ent，有脚就能走路，从（from）脚得到的是便捷，所以就是非常方便的，有用的。

来到异国他乡，回家是一个永恒的主题。要回家就要订机票，美国有一个很大的订便宜机票的网站，就叫 Expedient。它号称给你提供方便的服务，帮你找到最便宜的机票。

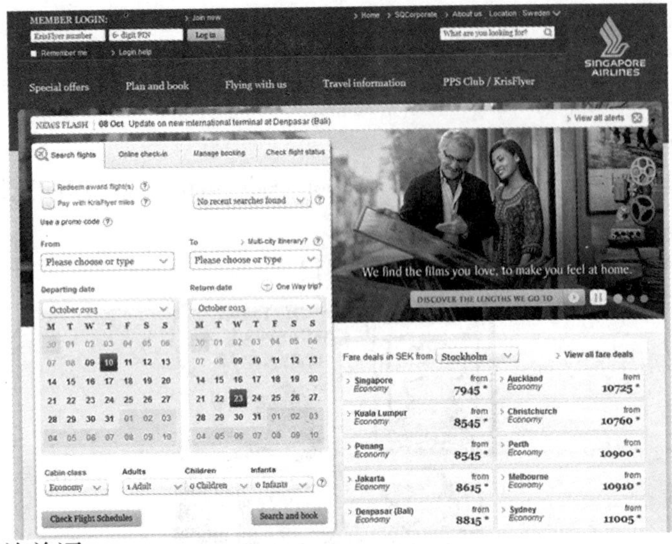

相关单词:

expedite *v.* 加快;促进;发出 *adj.* 畅通的;迅速的

inexpedient *adj.* 不便的,不适当的,失策的

303. vapid (20)

[ˈvæpɪd] (英文) bland and uninteresting; unexciting; dull; uninspired; *prosaic*; *banal*; *trite*; *hackneyed*

adj. 乏味的,走了气味的,无生气的,无趣味的

还记得一个单词 vapor 吗? 就是水蒸气的意思。

■ vapo-, (拉丁词根,蒸汽)

有句话是说"像白开水一样无聊。"白开水里好歹还有一些矿物质呢,水蒸气那肯定就更没意思了,所以 vapid 就是"乏味的,走了气味的,无生气的,无趣味的"。

304. encompass（20）

[ɪn'kʌmpəs]（英文）to include;to encircle; to *incorporate*

v. 包含;围绕

■ pass-,（拉丁词根,step）

■ com-,（拉丁词根,with）

encompass＝en+com（with）+pass（step）,具有所有的步骤（step），引申为包含,包罗万象的意思。

很多公司喜欢用这个单词做他们公司的名字,包罗万象嘛,体现大公司形象。

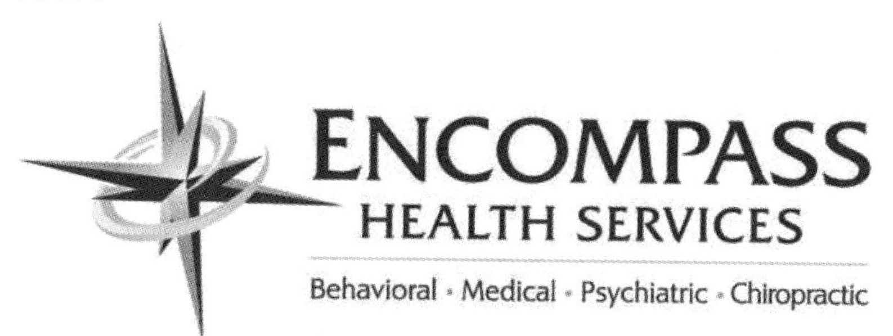

305. exclusive（20）

[ɪk'sklu:sɪv]（英文）shutting out; limited, sometimes to a select few; elitist

adj. 除外的;排外的;专有的;全部的 *n.* 独家新闻;专有权

■ clusive-, clud-,（拉丁词根,close, shut）

■ ex-,（拉丁词根,out）

exclusive＝ex（out）+clusive（close），除了选出来的,把别的都关在门

外，就是“除外的；排外的；专有的”。

现在有一些顶级俱乐部，只针对一些特定的人群开放。一般人是不被接纳的，这种俱乐部就叫作 exclusive club。比如下面这个宝马俱乐部。

相关单词：

inclusive *adj.* 包含全部费用，包括提到的所有的天数；包容广阔的

306. scarce（20）

[skeəs]（英文）rare, and often less than required; not *abundant*

adj. 缺乏的；稀有的 *adv.* 仅仅，几乎不

这个单词可以和 rare 一起记忆，都是稀少的意思，单词中都有 are，arce 的字母组合。

这只鸟已经很努力了，可是水实在是太 scarce 了。

相关单词：

scarcity *n.* 缺乏，不足；萧条

307. engaging（20）

［ɪn′ɡeɪdʒɪŋ］（英文）interesting almost to the point of exciting; tending to attract and occupy someone's attention; compelling

adj. 迷人的，吸引人的

engage *v.* 订婚，（用契约、诺言等）约束（自己）；吸引；从事，参加；交战，保证

engage+ing，与某人订婚，那此人一定很迷人，很吸引自己。

这个小红人一定是非常 engaging，受到这么多人的拥戴。

相关单词：

disengaged *adj.* 自由的，空闲的，闲散的

308. urbane（20）

［ə:′beɪn］（英文）sophisticated; having highly refined manners; *decorous*

adj. 彬彬有礼的

urban 是“城市的，住在城市的”，加 e，就表示住在城市的人都是有礼貌的，相比较农村的人而言。rural 就是农村的意思。

在电影《公主日记》中，米娅从丑小鸭变成了白天鹅，成为欧洲小国的公主。而米娅的礼仪和举止让其祖母非常头疼。于是 Queen 请来专人训练米娅，使其变得 urbane。

相关单词：

urbanity *n.* 都市风格，殷勤，文雅

309. sanguine（20）

[ˈsæŋgwin]（英文）hopeful；buoyant；*optimistic*

adj. 怀着希望的；乐观的；血色好的

■ sanguine-，（拉丁词根，blood）

blood 血色就是红色，在中国红色就象征着希望，有希望就让人觉得前途很乐观。

从 sanguine 这个单词上看，sang 是 sing 的过去式，sanguine 就是唱着小曲，很高兴，很乐观。

米娅当上了公主，自然是气色好，很开心、乐观的样子。

310. sarcasm（20）

[ˈsɑːkæzəm]（英文）biting and often *ironic* and *caustic* remarks or attitude；*contemptuous* or *condescending* humor *n.* 挖苦，讽刺

■ sarc-,(希腊词根,flesh,meat)

sarcasm 来源于希腊单词,原意是 flesh,meat,也指的是野兽活生生地把肉从动物身上撕扯下来,后来引申为挖苦讽刺的语言,可见讽刺的杀伤力之大。

对于这样巨大的杀伤力世人都唯恐避之不及,可是 Sheldon 就不怕,因为他有免疫力。

在美剧《生活大爆炸》中,Sheldon 智商超群,天才少年,情商基本上等于零。如果你跟他讨论学术问题,一定会被他超群的记忆力和雄辩的口才所倾倒。但是他却分辨不出别人对他的讽刺和调侃。所以他说他对别人的嘲讽是有免疫力的。

首先让我们来看看 Sheldon 的经典理论:

Leonard: For God's sake, Sheldon, do I have to hold up a sarcasm sign every time I open my mouth?

Sheldon (intrigued): You have a sarcasm sign?

Leonard,作为他的 roommate,几经崩溃,只好经常打出一个 Sarcasm 的标牌,来提醒 Sheldon 别人在讽刺,挖苦他。

看到 Leonard 几次打出的 sarcasm 的牌子,我们也就要记住讽刺这个单词,sarcasm。

相关单词:

sarcasm 是名词,让我们记住一组表示"嘲笑的,挖苦的"形容词。

sarcastic 是形容词,讽刺的,挖苦的

sardonic 也是嘲笑的,讥讽的

snide 嘲笑的,挖苦的

丘吉尔有一些著名的言论,让我们来看看下面这段话,记住表示讽刺的,挖苦的,这几个单词。

Winston Churchill was famous for his SARCASTIC and SARDONIC comments. Here are two well-known SNIDE remarks:

Bessie Braddock: Sir, you are a drunk

Churchill: Madam, you are ugly. In the morning, I shall be sober, and you will still be ugly.

Nancy Astor: Sir, if you were my husband, I would give you poison.

Churchill: If I were your husband, I would take it.

311. adversary (20)

[ˈædvəsərɪ] (英文) an opponent

n. 对手

■ vers-,(拉丁词根,bend,转向)

■ ad-,(拉丁前缀,against,对着)

adversary=ad(对面)+vers(方向)+ary,就是站在对面立场上的人,就是对手。

相关单词:

adversarial *adj.* 敌人的,对手的

312. surreptitious(20)

[sʌrəp'tɪʃəs](英文) not out in the open; sneaky; *clandestine*

秘密的,暗中的,偷偷摸摸的

■ rep-,(拉丁词根,seizing,抓住)

■ sur-,(拉丁词根,under,below)

■ -ious,(形容词后缀)

surreptitious=sur(under)+rep(抓住)+t+it+ous,就是在下面(under)抓住它(it),这种行为自然是偷偷摸摸的,暗中进行的。

小猫你在那里干什么呢?surreptitiously。

313. vicarious（20）

［vaɪˊkeərɪəs］（英文）living through the experience of another; second-hand

adj. 代理的，担任代理的，替身的

■ vicar-，（拉丁词根，alternation，代替）

《让子弹飞》中周润发的替身文祥就是和周润发穿着一样的马甲（vest），和周润发有一样的范儿（air），开着周润发的汽车（car），让人真假难辨。所以 vicarious（替身）这个单词就可以这样记，vicarious = v（est）+（a）i（r）+car+ious（形容词后缀）。

314. parochial（20）

［pəˊrəukjəl］（英文）narrow-minded; having a limited outlook; *provincial*

adj. 教区的，地方性的，狭小的

parochial 来源于 parish 这个单词，指的是只有一个牧师的小教区，所以 parochial 就引申为狭小的意思。

315. revival（20）

[rɪ'vaɪvl]（英文）returning to life or to use; reawakening

n. 苏醒;复苏;复兴;重新流行;重演;重播

■ viva-,（拉丁词根,life,alive）

■ re-,(拉丁前缀,again)

revival=re(again)+viva(alive)+l,再一次复活了,就是复苏,复兴的意思。

很多系列剧中,恶魔永远也死不了,为了续集的诞生,他们只好一次又一次的复活,比如电影 Mummy Returns(木乃伊归来)。

相关单词:

revive *v.*（使)苏醒;复活;恢复精神;(使)复兴;重演,重播;回想起

316. improvise（20）

['ɪmprə:vaɪz]（英文）to deal with things as they come, without planning

v. 即兴创作;临时提供,临时凑合

■ pro-,（=pre, 拉丁词根,before)

■ vis-,(拉丁词根,see)

improvise=im(反义前缀)+pro(before)+vis(see)+e, 就是在事情发生之前,没法看到,或者是预料到将要发生的一切,所以是即兴发挥,临时提供的。

相关单词：

improvisational *adj.* 即兴的

317. apathetic（20）

［æpə′θetɪk］（英文）not caring about something or an outcome, one way or the other; *indifferent*

adj. 无感情的；无兴趣的

■ path-, pathetic-,（希腊词根，feeling, 感觉）

apathetic = a（反义前缀）+pathetic（feeling），就是没有感觉的，无兴趣的。

相关单词：

apathy *n.* 冷漠

318. corroborate（20）

［kəˈrɒbəːreɪt; kəˈrɒbərɪt］（英文）to support or back up; to confirm; to provide evidence for; to substantiate *v.* 证实;使坚固,使坚定

■ cor-,(是拉丁前缀 com 的变形,with 的意思)

■ robor-,（拉丁词根,strength,力量）

记得机器人 robot 这个单词吗？机器人当然有力量了！

corroborate = cor(with) + robor(力量) + ate(动词后缀,使得……)，使得具有力量,就是“使坚固,使坚定”。加强你的论据,就能够“证实”你的论点。

The witness corroborated the victim's statement by revealing the murder weapon as supporting evidence.

相关单词：

corroboration *n.* 使确实,确证,有确证的事实

corroborative *adj.* 确定的;证实的

319. unprecedented（20）

［ʌnˈ presɪdentɪd］（英文）without precedent; highly unusual; remarkable; never seen before; momentous

adj. 前所未有的,空前的

■ pre-,（拉丁词根,before）

■ -cede,（拉丁词根,yield,收益,产出）

unprecedented = un(反义前缀) + pre(before) + cede(yield) + nted,就是在以前从来没有出现过,那就是空前的,前所未有的。

全球气候变暖,一些罕见的疾病,现在变成 new normal 了！

相关单词：

precedent *n*. 传统；常例；常规

320. alleviate（**20**）

[əˈliːvieɪt]（英文）to lessen the pain or severity of something; to make something more bearable; to mitigate *v*. 减轻，缓和

■ levi-，（拉丁词根，light in weight, lift）

■ -ate，（拉丁后缀，动词后缀，使得……）

alleviate 就是 lift，使得重量减轻，症状减轻，局势缓和。

321. prominent（**20**）

[ˈprɒmɪnənt]（英文）standing out; well known; *renowned*;

acclaimed; *conspicuous*

adj. 突起的,凸出的;突出的;显眼的;杰出的,卓越的;重要的;著名的

中国人都希望自己的鼻梁突出,挺拔,但是很多白人却因为鼻子过于突出而烦恼不已,看看下面这位美女修整了鼻子之后,果然漂亮了许多。

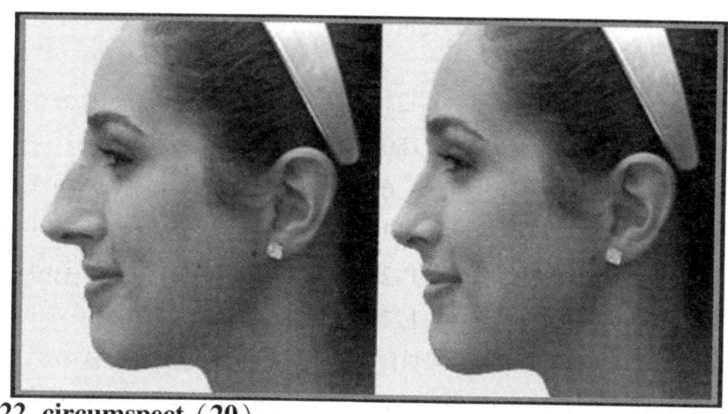

322. circumspect (20)

[ˈsəːkəmspekt] (英文) careful; cautious; *prudent*, *wary*

adj. 谨慎小心的,周到的

■ circum-,(拉丁词根,around,周围)

■ spect-,(拉丁词根,seeing)

circumspect= circum(around)+spect(seeing),做事情之前,先四周张望一下,说明此人非常谨慎。

相关单词:

circumspection *n.* 细心,慎重

索　　引

D